MULHER
FRONTEIRAS ACORRENTADAS.
Líricas de superação

Editora Appris Ltda.
1.ª Edição - Copyright© 2024 da autora
Direitos de Edição Reservados à Editora Appris Ltda.

Nenhuma parte desta obra poderá ser utilizada indevidamente, sem estar de acordo com a Lei nº 9.610/98. Se incorreções forem encontradas, serão de exclusiva responsabilidade de seus organizadores. Foi realizado o Depósito Legal na Fundação Biblioteca Nacional, de acordo com as Leis nos 10.994, de 14/12/2004, e 12.192, de 14/01/2010.

Catalogação na Fonte
Elaborado por: Dayanne Leal Souza
Bibliotecária CRB 9/2162

	Bohrer, Gizela
B677m	Mulher: fronteiras acorrentadas: líricas de superação / Gizela Bohrer. –
2024	1. ed. – Curitiba: Appris, 2024.
	101 p. : il. ; 21 cm.
	ISBN 978-65-250-6742-1
	1. Superação. 2. Força. 3. Coragem. I. Bohrer, Gizela. II. Título.
	CDD – 305.4

Appris editora

Editora e Livraria Appris Ltda.
Av. Manoel Ribas, 2265 – Mercês
Curitiba/PR – CEP: 80810-002
Tel. (41) 3156 - 4731
www.editoraappris.com.br

Printed in Brazil
Impresso no Brasil

Gizela Bohrer

MULHER
FRONTEIRAS ACORRENTADAS.
Líricas de superação

Curitiba, PR
2024

FICHA TÉCNICA

EDITORIAL	Augusto V. de A. Coelho
	Sara C. de Andrade Coelho
COMITÊ EDITORIAL	Marli Caetano
	Andréa Barbosa Gouveia (UFPR)
	Edmeire C. Pereira (UFPR)
	Iraneide da Silva (UFC)
	Jacques de Lima Ferreira (UP)
SUPERVISORA EDITORIAL	Renata C. Lopes
PRODUÇÃO EDITORIAL	Adrielli de Almeida
DIAGRAMAÇÃO	Amélia Lopes
CAPA	Kananda Ferreira
REVISÃO DE PROVA	Jibril Keddeh

HOMENAGEM

A minha homenagem
Primeiro as mulheres de MATO GROSSO em ESPECIAL BARRA DO GARÇAS, o VALE DO ARAGUAIA.
Minha homenagem carinhosa a professora da UFMT, CELESTE SAAD GUIRRA.
A todas alunas de graduação em letras em especial a COORDENADORA do curso de LETRAS GERALDA SOUZA
A todas graduandas e graduadas da turma de Letras e sua coordenadora Geralda Sousa...
A todas as mulheres que nos antecederam, que cumpriram sua jornada.
A todas mulheres que não sucumbiram, aquelas que em meio "tapetes vermelhos" e "Tapetes em brasas e fogo" trilharam.
A todas mulheres que não tiveram a oportunidade de se manifestar.
A todas mulheres que se manifestaram e iniciaram essa Odisseia entre o amor, lagrimas e sangue.
A todas mulheres que foram caladas de forma brutal.
A todas mulheres...
A TODAS AS BRUXAS (MULHERES INTELIGENTES)... queimadas vivas porque sua inteligência e sensibilidade assustaram pessoas e sua inteligência foi denominada Bruxaria...
A todas mulheres Que se foram...
Mas, sua dor e sua luta em superar um sistema arcaico e limitador JAMAIS será esquecido.

Dedico a todas MULHERES da minha vida, em especial a minha mãe MARIA ANGELICA, mulher linda, inteligente, amorosa, e que Já está no Reino de Deus, concebeu nove filhos, sendo eu Gizela a segunda filha mulher, e a minha filha amada, querida e desejada, planejada, amada, muito presente e significativa em minha vida, um divisor de águas.

Filha, Julia Andrezza Bohrer, Te Amo!!!

A Palavra da Escritora

Ao decidir escrever este livro, enfrentei muitos desafios, estes que me fizeram tomar algumas decisões a respeito do assunto a ser escrito.

O primeiro assunto é deixar bem claro aos leitores que este livro os fatos são verdadeiros e os personagens são fictícios.

O livro trata da dificuldade que muitas mulheres enfrentam em uma sociedade masculina.

Eu, a escritora não sou feminista e nem machista, sou uma mulher como a maioria das mulheres que desejam ter sua casa, sua família e ter uma vida satisfatória e feliz.

Respeito todo ser humano que contribui para seu crescimento pessoal e contribui com a sociedade.

Não vou relatar movimentos históricos e nem citar números estratégicos.

O objetivo desta obra é estimular ao leitor a investir em sua autoestima e capacidade profissional emocional para superar as dificuldades e desafios da convivência com os seus diferente, respeitando a particularidade de todos indivíduos.

Podemos aprender a ser feliz conhecendo histórias sobre pessoas que superaram suas dores.

Os desafios não vão sumir ou deixar de existir. Precisamos aprender a ser fortes para enfrentá-los.

Ser feliz é uma escolha, e pode ser a sua escolha!

Guízela Bohrer/2024.

PREFÁCIO

Esta crônica romântica, de forma simples e direta, vamos abordar temas reação emocional, resposta ao meio os conflitos emocionais e tribulações familiar, sociais e românticas da maioria das mulheres do século XXI.

O eterno conflito do amor na sociedade conquista no espaço capitalista e a superação dos Desafios da mulher preocupada com a sustentação e dignidade de sua família.

A história da mulher é mais que real, é verdadeira, e apesar de todo o crescimento e movimentos sociais, é frequentemente ignorado ou desprezado pela maioria das pessoas, principalmente por aqueles que estão no poder ou por aqueles que estão na direção do crescimento pessoal e social.

A mulher sempre esteve em penúltimo lugar no plano econômico e social desde todos os tempos. Figura domestica que só servia para procriar e cuidar da prole. Por exemplo, ser um diretora de empresa ou um líder comunitário ainda hoje, é uma invasão de área masculina, e ainda hoje pode ser considerado por muitos uma afronta social. A mulher não está apenas em segundo plano, mas sim ela é o último recurso de uma sociedade em construção. Se esta mulher for bonita ou bem articulada, o sistema automaticamente a exclui ou tenta apagar seu brilho, pois, ela só pode procriar e se não for para isso ela só serve como objeto.

Desde tempos remotos na história da humanidade a mulher não foi feita para ser amada e respeitada. Graças a concepção de Jesus, Maria sua mãe veio nos salvar.

Todos sabemos que é assim, mas ao materializar este pensamento, nos assusta, e nos leva a refletir em como podemos melhorar este paradigma. Como construir uma cultura de respeito AO FEMI-

NINO? Onde o ideal seria apenas o fato de existir? Infelizmente o ideal é apenas mais um sonho DELAS.

Não só a disparidade social mas também as realizações pessoais, levam pessoas a procurar um espaço profissional no mercado de trabalho, porém a demanda é superior ao suporte econômico social deste espaço na maioria das vezes.

E quando esses indivíduos, referente as mulheres, não conseguem se incluir no padrão do recurso econômico, muitos vão embora para outros lugares onde a oportunidade de emprego os faz forçadamente a se afastar de suas famílias então podendo visualizar um futuro digno, uma profissão, uma família, filhos, sonhos. Ou se entregam ao sistema, sucumbindo seus sonhos. Onde dificilmente ocupara o espaço de seus sonhos. Se encaixando em atividades muitas vezes incompatíveis com sua personalidade ou atribuições intelectuais.

Quando me refiro a esses indivíduos estou direta e economicamente apontando não so as mulheres de baixa sociedade e sim,consequentemente aquelas mulheres que receberam uma educação de alto nível e sabe que podem ocupar um espaço social e um espaço profissional digno. Estas sim, tem mais opções, mais poder de escolhas, entretanto muitas se acomodam ou aceitam viver a sombra de alguém ou de uma situação. Não estou dizendo que Ela não pode viver assim ou assado. Estou falando sobre ser amada, respeitada e ser livre em se expressar e ter poder de escolha.

Porque o poder de escolha, ainda não é permitido a muitas mulheres. Ela não precisa escolher, Ela não pode escolher, Ela nao tem poder escolha, pode estar ferindo uma situação, seja ela qual for.

E muitos pensam e falam sobre liberdade, e não me refiro a LIBERTINAGEM, e sim liberdade em poder expressar pensamentos, criar ambiente, educar, formar pensadores.

Evidentemente a maioria das moças de classe alta Ela já tem um respaldo e apoio financeiro de sua família todo um preparo durante toda uma vida.

Entretanto como ficam as mulheres da classe média baixa que são inteligentes articuladas e não tem uma família aristocrática ou até mesmo recursos financeiros para poder se nivelar profissionalmente no espaço capitalista Mundial.

APRESENTAÇÃO

Entretanto apesar de todos os movimentos para a emancipação da mulher, ainda nos tempos atuais uma mulher bonita, preparada e independente enfrenta diversos desafios numa sociedade capitalista e engessada.

Ao longo dos últimos anos na década de 80 e 90 a mulher ainda foi usada como uma mercadoria de troca uma peça a ser questionada é um produto disponível sem seu próprio consentimento.

É um comportamento social comum e velado, mas que todo mundo sabe, todo mundo está presenciando, começa pela família, depois na escola e possivelmente na vida profissional.

Presenciado a tendência institucional escolar favorecendo angariar fundos com concurso de RAINHA DA ESCOLA, onde hoje sabemos que a ganhadora era Menina e arrecadação maiores fundos para a escola com o apoio financeiro do patriarca da família.

E o que é mais desastroso é o fato dessa sociedade engessada Que prima por qualidade decência e moralidade não sente não avalia o prejuízo que causa na vida dessas pessoas que ficam para trás.

Então essa menina não Deverá sucumbir a seus sonhos pois o acolhimento da sociedade é certo e determina se ela vai ser incluída ou ela vai ser isolada socialmente.

O comportamento pré-histórico dos tempos das cavernas ainda é rústico e apesar de ter sido lapidado em tempos atuais os traços grotescos onde é claro e evidente que a sociedade engessada é formada por homens de alto poder aquisitivo, estes homens são fortes economicamente e tem uma sagacidade psicológica descendente da família aristocrática que forma uma sociedade intransponível.

Culturalmente a mulher é excluída da sociedade por ser considerada uma peça inútil e incapaz na sociedade das cavernas apesar de todos os movimentos de inclusão social capitalista ainda dependem da Boa Vontade do humor do momento daquele ser masculino para poder aceitar uma mulher inteligente e não apenas inteligente e sim capacitada para o mercado de trabalho para executar o seu ofício com eficiência.

SUMÁRIO

INTRODUÇÃO 19

PARTE 1
UNIVERSIDADE 21

PARTE 2
PRINCÍPIOS 27

PARTE 3
SORORIDADE 33

PARTE 4
ESCOLHAS... 42

PARTE 5
QUEBRA CABEÇAS 47

PARTE 6
EM BUSCA DA PAZ.. 50

PARTE 7
A DESCOBERTA 52

PARTE 8
ROMPENDO FRONTEIRAS 58

PARTE 9
INVISÍVEL 63

PARTE 10
DESAFIOS NA SOCIEDADE 66

PARTE 11
BELLAH... A MULHER! 69

PARTE 12
ALERTAS 73

PARTE 13
A INCAPAZ 77

PARTE 14
MISÓGINOS 84

PARTE 15
A MULHER COMO INSTRUMENTO DO MACHISMO 89

PARTE 16
SUPERAÇÃO 96

COLABORAÇÃO DE ALUNAS DE GRADUAÇÃO DE LETRAS DO MÉDIO ARAGUAIA – MATO GROSSO. – RELATOS – COORDENADORA PROFESSORA GERALDA 99

INTRODUÇÃO

Este livro fará com que muitas mulheres se identifiquem com seu histórico de luta numa sociedade engessada.

Principalmente aquelas mulheres que nasceram em famílias simples, comuns e que pertencem à diversas classes sociais, e por Fatalidade a sua família passa por um processo de dificuldade financeira tem suas escolhas difíceis e principalmente aquelas que não querem se casar por conveniência mas sim por amor porque não há oferta social e econômica para pudessem conquistar seu espaço profissional e assim manter o seu sonho familiar o seu sonho além da família.

Há preconceitos e sabemos que existe e Sempre existirá de alguma forma um preconceito contra a mulher por ser considerada um ser fraco e incapaz.

O preconceito não está ligado só a ser mulher não está ligado a ser a Sexualidade mas também a cor a etnia sua posição familiar social e econômica não podemos tapar o sol com a peneira e chega a ser até engraçado hipotético quando se fala em preconceito onde só se leva em consideração a cor ou a raça esquecendo que o preconceito existe em diversas formas.

O preconceito é a resposta de uma ausência de movimentos sociais que dizimam os homens na face da terra, através das guerras, mercado de trabalho pesado, escravo, onde ocorrem atividades de alto risco baixa remuneração, entre tantos. Menos homens... mais mulheres... e pra quem são Elas??

O preconceito de ser gordo ou magro o preconceito de ser rico ou pobre o preconceito de ser bonito ou feio entre outros de tipos de preconceitos que chegam a ser ridículos pois existem ainda e Sempre existirá uma crítica e um preconceito doentio por pessoas consideram níveis etimológicos e comportamentais diferentes dos seus.

Entretanto são pouquíssimos, mas as mulheres que conseguem ser forte e não sucumbir a sua integridade moral agindo com a razão não deixam as emoções falarem mais alto e nessa história temos uma figura feminina inspirada em diversas mulheres que buscam Seu Lugar ao Sol sem deixar de ser mulher. Que produzem um desafio a diversas classes assim por eles consideradas inferiores onde geram sentimentos de medo e impotência.

Inspirada nas mulheres guerreiras da atualidade do Século XXI em pleno 2023 afirmo que essas mulheres não estão sucumbindo aos seus princípios. Porque o que uma mulher moderna da sua é, poder dar uma vida digna a seus filhos, e isso é amam de louvável, não é um movimento feminista e sim um movimento trabalhista e digno.

O que muitos não esperam é uma mulher que está preparada o bastante para alcançar seus sonhos pois seus pensamentos não tão diferente dos seus iguais opostos são tão ambiciosos tanto quanto.

Não há mais confusão entre uma Dama da sociedade e uma mulher comum, onde visível e indiscutivelmente a única diferença é a sua condição Econômica financeira que não há possibilidade de ter ou de se apropriar de conhecimentos éticos sociais.

Entretanto, consciente que estamos saindo de tempos diferentes, gerações diferentes e recursos total e visível agressivamente diferente as gerações de dez, quinze ou mais anos anteriores, não podemos negar que a tecnologia nos favorece, nos atualiza e nos ajuda, dependendo do ser.

PARTE 1
UNIVERSIDADE

Bellah entendeu rapidamente que precisava se dedicar aos estudos para ter uma qualidade de vida, estudou por 8 horas por dia e mais 4 horas nas madrugadas para alcançar um sonho.

Sonho este ainda não Óbvio mas desejado fez seu vestibular e passou em biomedicina foi para área da saúde com a nota que desejava e fez o curso de graduação em biomedicina

Foram cinco anos de sangue suor e Lágrimas e muitos sorrisos.

Pois a universidade ficava fora da sua cidade aproximadamente sete km e, na maioria das vezes Bellah não tinha dinheiro para pagar a passagem de ônibus, então ela ia a pé e voltava a pé da universidade. O caminho era um tanto perigoso, a estrada era margeada por mato e cascalho. Entrava no período noturno e saía praticamente as vinte e três horas. Então andava pelo meio do mato a pé para sua casa. O ônibus sempre cumpria o horário, pois estava na biblioteca ou fazendo alguma pesquisa online na biblioteca, e assim foram os cinco anos de muita luta mas também de muita honra a Deus.

Estudava até altas horas da madrugada para alcançar seu sonho não tinha dinheiro para transporte lanches ou passeios aos finais de semana.

Em sua formatura, colação de graus, seus pais e sua filha de oito meses foram os convidados especiais, os pais se sentiam orgulhosos e honrados estavam formando a sua filha numa universidade federal.

Logo depois do evento, já na rotina do dia a dia seus irmãos, principalmente José e João entre uma conversa e outra em família se dirigiu a Bellah e disse: - você pensa que é alguma coisa só porque tem um certificado de graduação? Pois saiba que o valor dele é zero, um rolo de papel higiênico vale muito mais. No momento ela não percebeu o quanto despeito de seu irmão em relação a sua conquista.

Pois Bellah, apesar de todo seu esforço, sua família em momento algum reconheceu ou a respeitou, porque isso não era nada!! E assim foi até o fim dos dias de seus pais e seus irmãos. Para sua família, Bellah era apenas um "nada", uma pessoa a ser usada em benefício da família.

As tarefas domesticas teriam de ser exclusivamente dela, apesar de meia dúzia de irmãos!

Mas Bellah não se abalava com tal tratamento, pois confiava em si, apesar de todas zombarias. Sabe aquela brincadeirinha que a família faz de desprezar seus valores e seus esforço.... e no final dizem: "brincadeirinha kkk".

Logo surgiram vários concursos públicos e, Bellah se inscreveu para o concurso e passou em primeiro lugar. Em ambos concursos e tomou posse.

Portanto Bellah trabalharia um período e um serviço e outro período em outro serviço, isso ajudaria muito a sua família, pensou.

O sistema quis ignorá-la, cidade pequena, interior, poucos recursos, mas não teve como, pois teria de empossá-la, seria Como engolir dois sapos atravessados na garganta já que Bellah não sucumbiu aos seus princípios e nem aos seus sonhos. E assim foi! Não foi fácil!!!

Porém o cargo do qual exercia era uma posição inferior a quem tinha graduação, no entanto havia a possibilidade de crescer na carreira no decorrer do tempo.

A família de Bellah tinha uma situação financeira razoável, mas depois de sua Fatalidade financeira a fez por os pés no chão, uma família aparentemente normal frequentava a sociedade local do qual foram se afastando gradativamente chegando ao Anonimato.

Seus pais e seus irmãos ainda mantinham a postura da classe social anterior. Seu pai um homem autoritário reservado um tanto carrancudo e uma mãe linda inteligente, mas uma mãe ausente Bellah, estava entre irmãos, todos meninos, sendo única menina na família, pois a mãe presente de corpo e ausente de alma , com discurso de abuso moral intelectual e emocional causando a Bellah uma profunda dependência emocional dos Pais.

Os pais a fizeram acreditar que Bellah era incapaz de desenvolver qualquer atividade fora do lar, e não seria capaz de viver longe da família sem eles. Já na adulta por volta de seus vinte e poucos Anos Bellah o quanto, estava só. Ao pedir conselhos a sua mãe, a mesma falava para Bellah, a mãe respondia: procure suas amigas. talvez porque ela não teria aprendido como conversar com sua mãe, consequentemente não saberia conversar com sua filha.

Esses momentos de abandono emocional Bellah pôs os pés no chão, sentindo que era necessário a construção de uma vida, que seria cheia de luta inimagináveis e se permitiu a ousar e a sonhar.

A construção de dependência emocional já estava instalada mas naquele momento Bellah se empenhou a desconstrui-la, onde começou uma tempestade familiar cheia de agressões e desprezo contra Bellah. é claro ninguém quis ficar de fora!

Apesar de Bellah já estava preparando a vida profissional, precisava também que se adaptar à vida do mercado de trabalho onde seu onde seu emprego a forçou buscar cursos pós-graduações especializações na área de saúde como biomedicina E durante os anos de serviço público executou com muita dedicação.

Ainda assim sua família não reconheceu seu esforço para se manter com eles, então Bellah sentia muita dificuldade em se conectar com a família, uma família opressiva e arrogante eram essas as pessoas que a cercavam Bellah havia recém chegado naquela pequena cidade um pouco mais de tantos mil habitantes.

Quando Bellah viu aquelas ruas largas sem asfalto com canteiro no centro e aquelas pessoas mais simples andando de bermuda e chinelo havaiana Bellah ficou Encantada, o calor era descomunal tudo era muito diferente daquilo que já havia vivido até então pois ter morado em apartamento,casa fechada cidade grande todo mundo recluso dentro de casa pois eu era apenas uma menina então meu espaço era muito limitado entretanto com esse novo endereço eu me sentia mais livre e mais próxima das pessoas e num desses momentos que Bellah conheceu a Cláudia.

Claudinha era filha de um médico e uma psicóloga que davam apoio e assistência na área de saúde nessa cidade

A Cláudia era baixinha um pouquinho cheinha não chegava não chegava a ser gordinha mas era cheinha Graciosa e era super. organizada em cima da penteadeira no quarto dela ela tinha uma coleção de pulseirinhas dessas que a gente compra com um lanche do recreio na escola ela tinha uma coleção de anéis de plástico aqueles que vinham nos chicletes Ping-Pong e para mim aquilo era o máximo porque eu não tinha aquilo porque eu não nunca tinha visto aquilo então tudo era muito interessante e alimentava a minha fantasia de estar morando num lugar exótico totalmente diferente de tudo aquilo que eu já havia vivido até então aquele momento como uma menina.

A Claudinha ela era além de ser muito organizada ela era muito estudiosa e engraçada ela tinha os momentos de se dedicar aos estudos e também tinha uns momentos de se dedicar ao lazer e aquela forma de ver tão desprendida me deixava Encantada pela forma como ela vivia, a casa dela era vista de tijolinho à vista, era uma casa pequena, mas era uma casa muito fofa uma gracinha a casa.

Claudinha, tinha um irmão chamado Túlio Moreno com traços orientais cabelo preto liso Comprido até os ombros corpo Atlético e ela tinha uma irmã a Paulinha Branca cabelo caramelado anelado e a Paulinha.

Muitas vezes ficava até cor-de-rosa de tão branquinha que ela era Principalmente quando o sol esquentava muito quando o calor era demais a Paulinha ficava rosada realmente eram pessoas tanto fisicamente quanto intelectualmente pessoas interessantes e diferentes porque eu já havia conhecido. O que Bellah mais gostava na Cláudia, é que tudo que ela pegava que poderia estar estragado, que poderia estar danificado ela consertava tipo assim ela tinha uma criatividade para pegar embalagem de leite caixinha de leite como ela tinha criatividade com caixinha de fósforo para fazer sofazinho fazer mesinha caminha guarda-roupa.

Então ela era muito dedicada essas Artes voltada para o artesanato pela criatividade pelo colorido né de criar e recriar e isso encantava muito Bellah, nossa amizade foi marcada por uma fase muito importante em artes.

E um dia qual tinha chegou em casa na minha casa e falou assim eu tenho uma novidade para você eu vou embora daqui eu vou embora vou morar em uma cidade grande, eu tô muito feliz eu não acredito que eu vou embora eu vou embora e o mais engraçado que eu achava aquilo eu encarava com espanto Porque ela tava indo embora para Brasília que era uma cidade que eu vivia enjaulada e eu tinha ido morar nessa cidade pequena. E eu achava que era tudo de bom Liberdade livre sol andar de chinelo anda pé no chão tomar banho de mangueira no quintal de casa casa aberta assim tudo muito livre e ela odiava tudo isso e tava muito eufórica e feliz maravilhada porque ele ia morar em uma cidade grande porque ia ter outro estilo de vida e enfim né eu nunca consegui entender o porquê que toda alegria Euforia dela estar mudando foi quando eu perdi a minha primeira melhor amiga ela foi embora e depois que quase 30 anos não se encontramos em Brasília em um curso que eu fui fazer numa escola eu não encontrei com a mãe dela e depois com a irmã e depois com ela e assim o tempo havia passado mas o carinho respeito a consideração ainda estava muito presente entre nós a admiração uma pela outra cumplicidade a amizade

O nosso Adeus foi temporário com o intervalo de mais de 30 anos.

PARTE 2
PRINCÍPIOS

Bellah era uma moça educada e simpática incomodava muitas pessoas ao seu redor, mas introvertida, com dificuldade de se aproximar de alguém que não fosse profissionalmente ou por estudo. E neste caminho fazendo um curso atrás do outro, conseguiu se relacionar e se socializar, sem as influencias maledicentes do meio em que vivia. Encontrou a paz e em sua solicitude escrevendo crônicas que descreviam sua dor, sua solidão e os pequenos lapsos raros de felicidade.

Bellah aprendeu a se relacionar com a indiferença ausência e rejeição da família. E ao fechar os olhos falava para si mesma: "-ouça!! Escute-me!! Olhe para mim!! Não destrua seus sentimentos. Estás mergulhada numa profunda dor e vai passar!! É como se o mundo não existisse, ultrapassando todas as dimensões, respirando o mais profundo que se consegue alcançar, e enxugando as lágrimas para acalmar sua tristeza. Por favor!! responda-me!! Cante as mais doces melodias nos meus momentos de dor, ilumine o coração com esperança como os raios sol!

Bellah Ainda guardava seu sorriso como um tesouro, sonhando os sonhos que vieram com o tempo.

Bellah Não tinha medo da passagem do tempo, pois agora as suas emoções estão como uma neblina. Poderia ser um pesadelo mas é um sonho! Era apenas um momento e vai passar.

Encontrou seu mundo com os meus medos e, com seus olhos sonolentos ao amanhecer onde eu podia ver o sol nascer ansiosamente, aguardando por mais um dia,por mais destes momentos.

A intensa noite, cheia de esperança tirava do seu peito essa dor, onde os seus sonhos se realizavam na magia da imaginação, e haja o que houver Bellah acreditava que iria encontrar!!!!! Mandando embora a tempestade de verão nas manhãs diversas vezes esquecidas,porque chorou em muitos anoitecer, amanheceu inúmeras vezes com suas mágoas lavadas, pois era estrangeira nessa vida, e a quem poderia contar?

Sua voz interior cantava para sua alma as palavras mais doces que vinham do céu, o silêncio era o seu acalento e tormento onde as mudas palavras poderiam cair tão pesadas.

Não sentia que o vento era em vão, pois era o tempo que levava tudo ao esquecimento, se sentia órfã em uma estação do inverno em algum horizonte perdido, onde os anjos embalaram suas emoções, as suas palavras não eram vazias, mesmo assim ameaçavam dissipar os seus sonhos.

As lembranças doloridas da rejeição, ainda acendem recordações que já estão longe tão longe que nem deveriam sentir. A tempestade não pode ser mais forte que seus pensamentos, pois tinha um coração e tinha seus que dançam pelas pedras dos rios de sua vida, e a ensinou a perseverar por si, trilhando por estes caminhos estranhos.

Quando Bellah voava seus pensamentos, seu choro parecia um eco tão longe dos seus suspiros, como de uma montanha..

Diversas vezes se sentiu perdida, desprovida de novos começos no mundo sem conexões, quem dera poder acelerar o tempo da sua tão esperada gloria.

Era como sentir a neve cair, queimar seus ombros como o arder do sol, ao meio-dia, ainda no seu desespero, onde chorou o frio do silêncio que mais Parecia um feitiço vestido de preto.

Sua mente fervia, seus pensamentos eram como chamas, se sentindo presa nas cadeias mentais, sonhando com o seu destino, sem dor encantada pela vida ,confiando os seus segredos apenas ao seu coração.

Sentia frieza das Almas que a cercavam, e suas lágrimas as vezes contidas escorregavam em seu rosto entre leves sorrisos lembrando o encanto Sublime do Aconchego que não existia.

Ninguém poderia para-la, estava trilhando em uma estrada deserta, ninguém conseguia toca-la, as pessoas vão se perdendo, e Bellah estava centrada em não se perder.

O abandono sem esperança, seu coração seguia silencioso e louco. Agora Bellah queria o passado no lugar dele, lá onde ele deve ficar, porque até as lembranças morrem como as flores morrem, quando tudo é fugaz, quando não fazem mais sentido existir.

E nas manhãs não levo cosigo as Lamentações de dias escuros Que Ficaram para trás.

Foi preciso abrir as portas que a levassem além dos seus sonhos, curando suas feridas. Deu as costas para tudo que parecia ser improvável e insuficiente, como uma viagem antes do fim de tudo sem se importar com mais nada.

Por favor alguém faça a faça esquecer de como não perder o sono, queria se manter nas nuvens lucida, cuidar de si para que não se perca sua fé quando tudo parecer fora de Controle.

Bellah não era mais a mesma, suas lutas eram como o vendaval nos desertos noturnos mostram que as situações eram como a formação das Areias são mutantes a cada noite de tempestades.

O vendaval e o quebrar das ondas do mar, coincidente momento onde tudo muda, foi nesses momentos que sua alma procurou por um anjo, que olhando para o céu pediu que ouvisse seu chamado.

E não sentindo a terra sob seus pés, estvam expostos as suas defesas, e quanto aos muros, Bellah derrubou com sua altivez como a ponta de um fuzil mirou o seu destino como um espinho cravado de sangue vermelho, aniquilando a sua solidão.

No firmamento dos dias, Bellah conquistou um sorriso estranho, com os seus pés descalço, com suas mãos congeladas em seu castelo.

Bellah, precisou caminhar por estradas estranhas e malucas, a descobrir quem realmente era, despreocupada fez coisas tolas, poderia estar errada, mas em seus sonhos, faziam parte da sua construção, entretanto era forte e consciente que o bem sempre prevalece.

Ao se lembrar que em tempos difíceis a decadência financeira da sua família a colocou numa situação vulnerável.

Sozinha nessa estrada onde não se ouvia nenhum som, Bellah caminhava na sua sombra...

Até que um dia, Bellah não quis mais fugir do sonho de uma vida perfeita.

A sorte estava lançada, não seria difícil suportar tanta opressão, já havia derramado todas as suas lágrimas.

Pois cada estrada revelava uma viagem solitária no ritmo das batidas do seu coração.

Ser mulher não era fácil, Bellah percebeu que eu estava presa de muitas maneiras em um mundo onde sua existência poderia ser apenas mais uma. Em vão.

Bellah precisou construir uma redoma de defesa e deixar as trevas para trás.

A vida que segue nos trilhos, revelam aos seus pés descalços, um apocalipse e as suas raízes enterradas no solo árido e seco, em uma prece suplica a pressa da chuva de esperanças, onde seus sonhos não foram esquecidos,mas sim cultivados.

Porque tudo que uma mulher precisa está na alma, no ambiente, e a paciência é um grande companheiro.

Não demorou muito para Bellah entender que como mulher até então seu papel social era secundário.

Entretanto não é ser feminista, e sim ter uma vida produtiva, social, somar com a humanidade em prol do bem, fazendo pequenas coisas, como trabalhar, passear, criar, agregar aos semelhantes.

Bellah não conseguia identificar onde estava o problema, Bellah não entendia onde estava a contramão.

Aos poucos foi percebendo as diferenças entre homens e mulheres eram desproporcionais, a situação era critica e vulnerável.

Ser visto apenas como um objeto doméstico, sexual, um ser reprodutor, incapaz incomodava muito Bellah. então Bellah começou a lutar por seus direitos trabalhistas buscando seu espaço no mercado de trabalho através dos seus estudos, capacitação e diplomação. Bellah estava longe de ser feminista, mas na sua opinião homens e mulheres são muito diferentes com necessidades diferentes, entretanto o respeito não tem sexo. Seu movimento era trabalhista e não feminista.

Bellah nunca quis ser igual a um homem, adorava ser mulher com todas suas fragilidades.

Creio que a luta de igualdade de gênero se diz sobre tudo o respeito entre os iguais e os diferentes.

Observe,e a falta de entendimento sobre o que cada um quer de seus relacionamentos muitas vezes resultam na violência contra a mulher, isto diz muito mais a respeito do agressor em si. o agressor pode ser um homem ou uma mulher, e neste caso abordaremos a violência praticada pelos homens, por ser representativamente mais forte, menos frágil fisicamente.

Pois se ele é inseguro, seu espaço de domínio onde a agressão é Uma Questão de Honra, impor uma moralidade construída pelos moldes de sua educação.

Caso também este perante as mulheres que detonam umas as outras, exclui uma a outra, é uma cultura onde a mulher é manipulada inconscientemente por seus mentores, seus educadores, a transmissão inconsciente aos seus descendentes independente do gênero a discriminar e excluir uma fêmea que representasse algum tipo de ameaça ou desarmonia em seu espaço.

PARTE 3

SORORIDADE

Bellah Revirou seu mundo interior, fez uma viagem misteriosa e mágica, onde corria o risco de se tornar insuportável e inevitavelmente forte!

Para isto foi necessário um bom isolamento social , não se torturar pela ausência de si mesma, excluindo as teorias de conspiração, se reinventando nos seus próprios desafios para não limitar a sua existência e, seus movimentos entre as pessoas, assim muitas vezes alienadas que geram sofrimento com frases justificativas como: "é para o seu bem".

Uma posição estratégica da sociedade onde estão inseridas muitas mulheres amigas, mães e irmãs, e a falta de sororidade!!!! Totalmente manipulada por seus hormônios para serem vistas eternamente como rivais.

Sendo a sororidade, uma forma amigável de se relacionar com outras mulheres!!!

Parecia tão fácil... mas não era!!!!

É preciso estar disposto a mudar, não é só uma questão de "querer", mas de se esforçar para poder entender que SORORIDADE é SORO que significa IRMAS... fatalidade a qual nem biologicamente Bellah teve.

Bellah Foi forçada a ser DES-sororidade pra poder se proteger.

A sororidade não é a obrigação de gostar de outras mulheres e sim de respeitar sem julgar. E desde quando se entendo por gente, e ainda uma menina, filha única sempre foi importante ter amigas, com muito respeito e carinho. E com toda certeza não foi recíproco.

Nem da própria mãe,recebeu sororidade. E o quanto a sua mãe foi importante, mas nunca sentiu seu carinho, porém sobreviveu sem ele. E acima de tudo Bellah a amava e a admirava.

A vida poderia ter sido insuportável para Bellah, entretanto rapidamente deu um perfeito sentido. Reinventou e traçar os próprios desafios na sua limitada existência, e para isso que teria de enfrentar a discriminação de gênero fora e dentro da família, se expondo profissionalmente em evidencia social constantemente.

Então seria menos uma alienada social, esta foi sua escolha, contra tudo que poderia conspirar contra os seus próprios anseios, se contagiei pelo desejo do amor, se tornou uma ilha arrancada do mundo doente e febril,mergulhando nesse novo continente desconhecido, confrontando todos os mistérios desorganizados e manipuladores.

Não é nada engraçado as pessoas se divertirem pisando em seus sonhos, e em nenhum momento Bellah pensou em desistir, mesmo seu coração discordando daquela realidade. Assim compreendeu que descordar também fazia parte do seu crescimento pessoal.

Bellah queria apenas uma vida real, verdadeira, que fosse melhor que sua realidade, e tão aconchegante e protetora dos seus fantasmas que acabavam tirando o seu persistente bom humor.

Afinal o mundo não era tão ruim assim, ruim mesmo era a falta de informação, faltou a base da educação, era uma fase de grandes mudanças no mundo, foram marcados por grandes mulheres como Maria da Penha, Princesa Diane entre outras notáveis. Seus sonhos eram grandes como estas mulheres.

Muitos estão trilhando seus caminhos, o desfecho é imprevisível e poderá ser de descrença ou frustração dos sonhos em relação a si, ou dos seus próprios sonhos e é assim que a maioria das pessoas pensam a princípio, por esta razão muitos desistem no meio do caminho.

Trocar o velho conceito dentro da área de atuação, e criar um ambiente que proporcione a todos uma diversidade de oportunidades dos quais ao longo de sua carreira profissional, melhoraria o seu salário e consequentemente Bellah teria uma qualidade de vida, com segurança para também proporcionar a segurança aos seus dependentes como sua família.

Convenhamos, que o ambiente de trabalho pode ser um paraíso ou um inferno, dificilmente é o que esperamos ou o que gostaríamos que fosse.

Um dos primeiros enfrentamentos de Bellah, foi assumir um cargo efetivo no lugar de uma funcionária antiga contratada, as hostilidades no dia a dia eram constantes pois o entendimento é, Bellah estaria ocupando o lugar de uma pessoa com mais necessidade econômica que Bellah, e onde não foram levadas em consideração o seu preparo, sua capacitação para tal cargo ou necessidades como um ser humano e um profissional.

Em momento algum fui levada em consideração, ou que eu havia feito um concurso e estava capacitada para aquele trabalho.

É claro que no meio dessa turma tinha poucas e raras pessoas que disputavam a sua amizade e companhia, mas eram e são pouquíssimas.

Houve dias de tantas hostilidades que por diversas vezes Bellah sentia o gosto de sangue na boca de tanto segurar as lágrimas.

Além de enfrentar uma família totalmente desequilibrada e hostil, Bellah, experimentava os desafios de fazer parte de um novo mundo "um mundo hostil e competitivo" que jamais poderia imaginar que existisse.

E o que importava para Bellah, é a estrada que a levava ao sucesso onde o diabo estava em cada curva e em cada parada, continuando assim sendo a filha da Solidão.

Neste deserto competitivo e duvidar de cada olhar era sua obrigação, e todas as razões são compreensíveis vivendo o mais doce e amargo fel da vida, suas lágrimas contidas escondiam seus pensamentos, onde o sucesso para cada pessoa é tão distinto de tantas outras pessoas, Bellah ultrapassou suas expectativas sobre "o meu sucesso".

Bellah sentia o tempo congelando a hipocrisia, e todas as razões são compreensíveis onde os hipócritas têm mais a poder do que se pode sustentar.

Quando Bellah se lembrava de si, da sua essência, sentia que um simples suspiro era como algumas centelhas de amor exalara do seu corpo. Fala recuperando as forças, que já quase não existentes, e sem importância Bellah percebe que quase foi tarde demais, e mesmo assim começa tudo outra vez, caminhando sozinha, parecia que essa dor baila junto com o seu pensamentos, dançando com o vento que levanta voo nessa estrada sem fim.

Mas uma força divina a faz sentir que pode subir aos céus, e a sua respiração ofegante naquele momento estressante, naquele vale escuro, deixando para trás aquele lugar que mais parece um inferno, o ar que respirava tão cheio de veneno e esperança, uma pimenta ardente, dissipam as sombras escuras das lembranças já deixadas para trás, Bellah vislumbrava o sol nascer. A sua alma há de viver e a superar, sofrimentos eternos onde não há compaixão.

Bellah buscou um caminho por acreditar na minha própria verdade, e desse confronto buscou a imparcialidade por ter se contendo por diversos anos.

Bellah precisava acalmar o seu coração, para não deixar de existir, sem saber o que há de vir.

Abrir as asas da sua imaginação, e em cada pedacinho de si ser tão completamente si mesma, onde desconhecia a sua força interior como se fosse uma ilusão miserável alimentando a sua felicidade.

A sua maior transgressão foi tentar fraudar seus sentimentos mentindo para si mesma em não fazer o que realmente o seu coração queria.

Assim como a lua segue a noite seguir e perseguir para encontrar a sua desejada essência.

Bellah não perdeu tempo, sempre analisando as suas perdas, seu ouro estava guardado em Algum Lugar Secreto. Seus planos do futuro, secretamente guardados.

E tão somente um tolo não perceberia o quão foi necessário exorcizar alguns demônios cruéis naquela verdade tão fria, para não romper com suas próprias convicções, as que a fizeram sentir-se invencível.

Nunca é tarde demais para deixar um abismo para traz, e preencher o presente com o passado pode provocar uma magoa de algo que não existe mais. Tornando os dias conflituosos e atormentados para se lembrar.

Quando Bellah percebeu que seus passos na sua vida eram maiores que aqueles dados por quem a cercava, percebeu a virada do jogo, onde ela estava diante de tudo que buscava, sobrevivido e vivendo seu destino. E o passado já não doía mais, porque ao olhar para trás estaria lá todos os momentos, mostrando quão forte e decidida a seguir, na sua estrada ninguém verá como ela a viu, acorrentada ao falso aconchego da solidão onde encontrava seu pseudo-silencio.

Bellah precisou recorrer aos seus diversos disfarces, pois se sentia nua em situações em que estava exposta, apesar de nervosa muito sóbria.

E o despertar para seu espanto, na verdade é uma partitura musical da sua vida sem Lamentações e com muitas resignações, assistindo a vida, apenas o que vislumbrou.

Fatos e histórias apontaram muito dos seus erros, e sem se justificar, ao se posicionar tornaram-se aplausíveis e cheios de coragem.

Na sua vida, onde tudo parecia conspirar contra si, Bellah precisava ter escalados diversas montanhas, com uma única certeza, a de seguir em frente!!!!

Não se rendeu apesar de seus medos. Apesar de sua solidão.

O seu destino é a sua verdade.

Ter a confiança de uma águia e vencer a dor voando alto, escapar das armadilhas que cegamente criamos sem saber onde chegar perdendo a noção de tempo.

Bellah acreditou em si!!! sua cobrança foi alta!! Sues combustíveis foram seu quere e seus sonhos! viver em paz era sua meta.

Quando a palavra paz e amor causa um turbilhão de sentimentos dentro de si, o medo invade o peito, que até parece que não é amor, de tanta dor.

Despretensiosa Bellah continuava a desbravar os mistérios da sua vida, inocente e cheia de imaginação, essa foi sua escolha., a espera de dias felizes.

Mesmo com a cabeça no ceu e os pes no inferno, Bellah não recuou, havia muita maldade e malicia, entretanto, já conhecia a frieza que a cercava. E de tão puro seu coração seguiu em frente, entendendo que a realidade, que a vida não era um conto de fadas, mas resolveu perdoar-se incondicionalmente por coisas que não conhecia ou que não sabia fazer.

Bellah vivia intensamente cada momento. Aqueles momentos em família que tinha o aroma de alegria.

Quase todos os finais de semana os pais de Bellah iam visitar seus tios e, almoçavam e passavam a tarde toda naquela energia. Era uma família simples humilde uma casa pequena, e as casas vizinhas se dividiam com cercas de Arame.

E como menina Bellah ficava muito empolgada em ir na casa desse seus tios porque tinha meninas para conversar e sua prima chamada Estela. Eram quase da mesma idade e haviam muitas coisas em comum como brincar de boneca, de jornalista e assim por diante.

Tinha uma vizinha também com a mesma idade que Bellah e sua prima Estela, chamada Leda. Era uma menina bonita cabelo castanho Mel volumosos lisos na altura do ombro, tinha um olhar tímido e um sorriso doce e contido. Passavam a tarde brincando de casinha brincando de comadres.

Mas Bellah observava que Leila tinha um comportamento diferenciado.

Todas as vezes em que passavam o final de semana na casa da sua tia, Leda aparecia nos momentos de descontração da família, ela era querida e muito bem recebida, e querida por todos. Então começou a frequentar a casa da tia de Bellah nos finais de semana como sábado ou domingo, se tornando quase que uma da família.

De acordo com o tempo, íamos criando maior intimidade e cumplicidade. Até que um dia por surpresa minha e de Estela, Leda se junta a nós e nos traz uma novidade! Ela trouxe um livro de biologia embaixo da sua blusa e com um sorriso e um brilho no olhar, disse-nos que queria mostrar um segredo que ela tinha.

E como toda criança, meninas, ficavam muito curiosas para saber qual que seria aquele segredo e isso ficavam eufóricas rindo ansiosas. Até então, Leda chama Bellah e Estela para ficar num lugar onde ninguém poderia vê-las, então as levou para um cantinho na casa que não era muito frequentado pela família, e naqueles eventos ficaram naquele cantinho escondidas e Leda tirou um livro de biologia humana, de baixo da blusa que era de seu irmão mais velho, e pediu segredo e começou a nos mostrar as figuras do corpo humano feminino e masculino, as fases da gestação humana.

Quando Bellah e sua prima começaram a olhar aquele livro de biologia, que a Leila foliava para nos mostrar o segredo dela, começamos a olhar aquelas figuras da anatomia humana, aquelas imagens no livro de biologia humana, sem entender muito bem o que Leila queria nos mostrar.

Então Leila falou assim: - eu roubei este livro dos meus irmãos, kkk acho que é assim que nascem os bebes.

Educada para ser dona do lar, mae e esposa, a família manha Leda afastada dos livros e de esclarecimentos mais populares de sobrevivência extra família. E essa redoma protetora da família pode causar algum nível de alienação social.

Dentro da nossa ingenuidade aquele livro foi uma surpresa misteriosa, e de uma certa forma nos deixou um pouco desconfortável, nada à vontade, porém muito curiosas.

Depois daquela tarde particularmente Bellah ficou atenta as visitas na casa da sua tia.

Bellah não conseguiu entender o objetivo de Leda nos mostrar aquele livro, mas com o passar do tempo e depois de Bellah se encontrar adulta, começou a pensar e relembrar aquele episódio inocente a respeito de Leda e, Bellah entendeu que a natural curiosidade humana começa cedo demais.

Leda era uma menina muito doce mas era muito reprimida, única menina numa família com muitos meninos, só ela e a mãe dela de mulheres, Bellah percebeu que Leda era uma menina solitária e que por diversas vezes recebia muita repressão desde os pais até os irmãos por achar que por ela ser uma menina ela teria que agir da forma eles achavam que era adequado para uma mocinha.

No entanto Bellah percebia que Leda era muito contida e não conseguia falar muito de si mesma, receosa de suas palavras, eufóricas em momentos desapropriados como exemplo foliar o livro de biologia do seu irmão mais velho. e a questão era: por que? Então, até hoje Bellah ainda reflete sobre esta lembrança de Leda e sua família.

Os seus tios foram embora da cidade de Bellah, então perderam totalmente o contato com Leda e até hoje Bellah ainda relembra os bons momentos dos quais viveu na época da inocência.

E refletindo a respeito do comportamento de Leda, ela é o reflexo da maioria das meninas que a família reprime e isola, em nome "dos bons costumes", preservando a imagem daquele clã social, moralmente falando! E solta o menino para a sociedade, agressivo e irreverente!!

PARTE 4
ESCOLHAS

Bellah nunca conseguiu imaginar o rumo dessa história, não era o caso de ser justo ou injusto seu julgamento, se por antecedência Bellah soubesse, como poderia sobreviver naquela situação? Talvez Bellah teria desistido de começar e conhecer novos e diversos começos.

Hoje, Bellah não tem tempo para pouco, e fez suas escolhas, conseguindo mais do que poderia imaginar.

Bellah sentia que suas escolhas eram como vôos livres, muitas noites sem dormir, revirando o mundo entre os seus lençóis, onde conseguia identificar os seus desafiadores inevitáveis medos. Foi Preciso se encontrar, apesar de muitas vezes sua mente está confusa e querendo desistir.

Superou suas mágoas até desaparecerem por completo, Pois todos cometem erros, e Bellah precisava urgentemente entender isso.

E por diversas vezes seu coração sangrou. Já que respirar não era o suficiente.

Seus limites perfeitamente delineados pelo começo (alfa) e pelo fim (Ômega), dividindo a dor entre sorrisos e lagrimas.

Por sua distração, o vazio ficou num Horizonte distante, não há nada que queira recordar, e das ruas por onde seus pés se cansou de andar, andou por caminhos e trilhas onde o mal se escondia para vigiá-la .

Por diversas madrugada esteve acordada com os seus pensamentos em círculos, pois as suas escolhas foram poucas, mas foram assertivas.

É como se Bellah estivesse andando do lado de fora do limite, que insistentemente a chamava de tola, aquela menina tão frágil e perdida. A pequena menina...

Em diversos momentos fez muitas cobranças a si mesma, e foi muito dura consigo!

Porém sua mente estava transbordando de sonhos, tropeçando nos imprevistos, e neles encontrou força pra vencer os desafios, ou talvez tenha nascido, renascida do caos.

Uma das suas primeiras escolhas foi "ir ou ficar" naquele lugar.

Não foi fácil para Bellah!!!!

Se ficasse teria de aceitar as condições disponíveis naquele núcleo social. Então "foi" conhecer novos horizontes, onde conheceu a sua primeira melhor amiga. Conheci a Laudy.

Laudy era tão fofinha, gordinha, baixinha e vaidosa. Sorriso fácil, convivência leve. Colecionava anéis de chiclete! Bellah adorava o jeito de sua nova amiguinha.

Elas estudavam na mesma sala de aula, a escola se tornou um lugar onde confraternização os mesmos pensamentos, as mesmas brincadeiras, como pular corda, jogar cinco Marias, pular elásticos, eram suas preferidas.

Laudy tinha dois irmão e mais uma irmã, a Laurinha. Todos tinham responsabilidades nas tarefas domesticas da casa, exceto os meninos. Assim era a educação que eles recebiam. O conceito de uma menina estudiosa com pensamentos profissionais para o futuro era visto por seus pais como uma forma de desintegrar a honra da família, pois no conceito de seus pais, uma mulher envolvida com cursos, viagens, etc, era visto coo MULHER DA VIDA. Era um conceito um tanto natural para aquelas meninas ter este entendimento familiar.

Entretanto, Bellah nunca interferiu ou expos seus pensamentos de sobrevivência as custas de seus próprios desempenho de estudos e profissionais. Afinal, a vida não era dela, e sim da sua amiga.

Aos poucos Bellah foi se afastando de Laudy, que logo seus pais foram embora pra outra cidade, e neste intervalo, Bellah conheceu Elaine.

Então Bellah sentia na amizade que fez com a Elaine, como se elas realmente fossem irmãs.

Elas tinham muita afinidade, muita sintonia, se entendiam muito pelos olhares, principalmente quando elas estavam na quadra de tênis jogando, onde faziam par com o seu irmão mais velho Elton e Bellah fazia par com o Élson o seu irmão mais novo.

Bellah sentia que Elaine como filha única mulher assim como Bellah, se sentia sozinha também era algo que não era muito difícil de se explicar Porque estavam rodeados de amigos e de parentes.

Era uma solidão emocional, psicológica!

Sem atender as necessidades de uma menina, talvez por falta de interesse, ou falta de preparo, a menina é isolada dentro da família "para seu próprio bem", não agregando a outras meninas de outras famílias. Pois nem sempre Bellah tinha momentos junto as suas amigas, e nas quadras de tênis, ou na sala de aula eram momentos mágicos para Bellah. Era uma amizade sem precedentes mas ao completar dois anos de amizade o pai Elaine foi embora com a família. E nunca mais se encontraram e nem entraram em contato. Bellah sentiu muito a sua falta. Entretanto, Bellah e Elaine tinham algo em comum: a solidão emocional e psicológica tanto social quanto familiar.

Bellah seguiu em frente, pois seu foco era trilhar um caminho novo, desconhecido, cheio de aventuras e surpresas, ao estudar uma opção aqui ou ali, sonhava com novos horizontes e novas oportunidades.

Bellah não se arrependeu de suas escolhas, pois foi a melhor para si. Não havia nada a se arrepender. Deixou para trás muitas lições que aprendeu, uma das mais importante: Sempre andar em direção ao sol, seu sonho, pois a sombra sempre estará atrás, ela Sempre existirá onde houver luz.

Em seguida Bellah tinha a sua escolha mais importante. A base de todas as outras escolhas que fizer em sua vida: amar a Deus acima de tudo e de todos!!!! Resignação!!

Bellah teve escolhas difíceis a se cumprir. Bellah sorria em tempos difíceis, ao mesmo tempo que o seu coração estivesse chorando por dentro, isso a fez crescer .

Outra escolha muito difícil é praticar o perdão. Porém quando entendemos que o perdão é um bálsamo para a nossa paz interior, entendemos por onde liberamos todos os males, maus sentimentos. Perdoar vem de "perder", deixar para traz. E na maioria das vezes o perdoado considera uma fraqueza de quem pratica o perdão. Nada mais falso que essa teoria! Perdoar é para os FORTES! Os fracos se vingam.

Porém mais difícil que todas essas escolhas que já se tem é amar o seu próximo como a si mesmo, e amar incondicionalmente.

Aquele Amor que comunga e agrega, que para a maioria não existe, e se existir e dificílimo praticar.

Porque isso é natural e apesar de buscarmos a perfeição dos nossos atos somos humanos, Somos imperfeitos, porque perfeito é só Deus!!

Agora diga para mim qual pessoa não é temerosa consigo mesma diante de tantos momentos desafiadores?

Esse conflito interior é bem mais sobre amor e sociedade.

Bellah percebe que não é somente ela que esta perdida no meio desse jogo de interesses sociais e partidários. todos estamos perdidos, e saber o que se quer de verdade é fundamental para obter sucesso em seus sonhos.

Por que onde formos, até o ar que respiramos será disputado e tão cheio de ambição, egoísmo, e o mais dolorido é saber que não tem como escapar dessas bolhas.

A "Bolha do Eu" a "Bolha do Tú" e a "Bolha do Eles" ! É como querer se livrar de sua própria sombra , pois se sou luz a sombra sempre será uma companheira, mesmo que seja momentânea.

PARTE 5

QUEBRA CABEÇAS

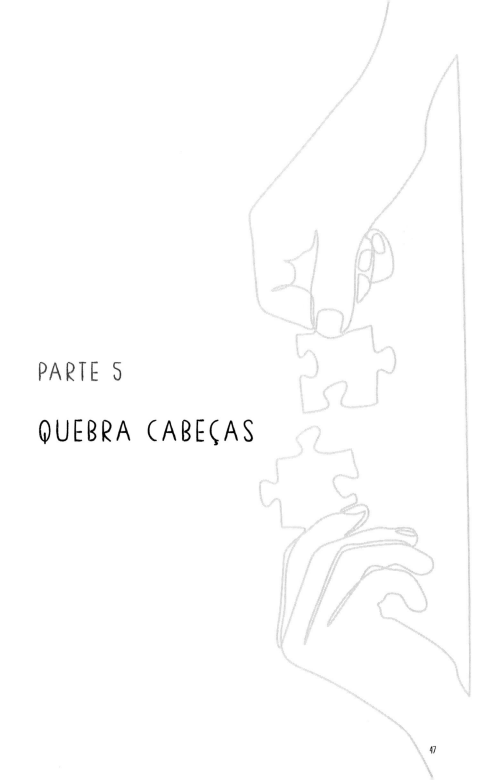

Quando a esperança e sua única luz, Bellah estava voltada para dentro de si mesma, consciente de todas as suas indagações que centralizados em sua mente seus foco na sua mente e no seu coração.

As perguntas eram como peças de um quebra-cabeça, que insistia e persistia a se embaralhar no seu caminho e depois a se encaixar no próximo desafio.

Assim como as probabilidades de amar alguém que pertencia a uma Bolha diferente da sua Bolha, seria apenas mais um sonho desafiador.

Presa aos seus conceitos e "pré" conceitos, os seus caminhos eram confusos, apesar de saber intuitivamente que, para romper com algumas limitações sociais, seriam atitudes dolorosas, mas recompensadoras.

Havia uma alma dentro de Bellah implorando por liberdade, eram longas as noites de Insônia, o silêncio sussurrava as chances de um amor misturado aos tempos de solicitude.

Eram tantos os bloqueios sociais como as conquistas, econômicas e cultural.

Buscar um equilíbrio emocional, vivendo uma razão tão distante quanto o oceano, Bellah, precisou buscar a base social geopolítica para poder entender tudo que ela não entendia.

Em uma sociedade diversificada e Feroz,

Bellah entendeu que de certa forma a sua luta era tão individual, ela era uma ilha em meio um arquipélago humano. seu movimento de sobrevivência era um movimento trabalhista e não feminista.

Bellah apenas lutava para sobreviver, não morrer de fome, consequentemente, por uma qualidade de vida melhor uma boa formação profissional ser independente ao ponto de poder me manter em qualquer espaço e situação. Não se perder de si era sua maior certeza! Para a decepção de muitos que a cercavam!!

Não era uma questão de provar algo a alguém, mas sim uma questão de ser alguém socialmente útil além de gerar recursos e benefícios econômicos.

Sobrevivência!! Estudar trabalhar ser independente, uma pessoa do Bem, e ser uma ótima companheira a seu marido e a meus filhos, a quem a cercava.

E cada pessoa caminha a sua estrada sozinha, e por mais que Bellah não queira confessar, houve momentos em que quase perdeu a fé.

Bellah poderia aparentar que estava apenas em um profundo delírio, em busca da verdade.

E onde hoje apenas memórias de força e fé, afogando todas as suas dores em um dilúvio de conquistas, e as lagrimas ficaram para trás.

São memórias de momentos escondidos e sufocados pelos telhados da vida.

E o pior de tudo, é descobrir que uma outra mulher que compartilha do mesmo mundo, é um lacrador intrínseco, e quais as razões? Não sabemos!

São inúmeras e incontáveis, incomunicáveis razões que nos confrontamos com pessoas que lacram seus próprios sonhos.

PARTE 6
EM BUSCA DA PAZ

Qualquer pessoa, principalmente e inclusive as mulheres, querem desfrutar de suas conquistas com êxito.

E nessa luta diária, ao cair e levantar, carregamos uma cruz a queimar a ansiedade, que agoniza por dentro, querendo descansar a leveza dos anjos.

Uma ausência tão presente, que a brilhar nos olhos sem sentido, um olhar para a alma machucada, sem evidencia de dores, de se considerar incapaz, onde o futuro amedronta os sonhos no mundo do medo.

As memória presas em seu peito, foram relutantes para a abandonar, já que ali estavam confortavelmente acomodadas, acreditando que não estamos prontos e nos escondemos do sol que insiste em nos alcançar.

Nas noites claras e nos dias escuros que se passam num século de tempo, como um destino brincalhão, a zombar da sua sanidade tentando à endoidar!!!

Em suas orações, Deus sussurrava aos seus anjos que a cercavam... tornando o difícil em fácil as lições que deveria aprender, eram lições duras de lucidez, para aprender a se defender.

Das lições, Bellah viu quão engenhoso eram seus sonhos!! Pois a felicidade não precisa esperar o futuro, os vícios do coração não apagam as pequenas faíscas de amor a confundir as emoções, buscando a razão.

Bellah queria flutuar na magia de ir além das nuvens, e Navegar Além do Mar, e como um pássaro estar livre na incerteza dos seus sonhos.

PARTE 7

A DESCOBERTA

Nessa luta incansável e constante, a ansiedade que agonizava por dentro era o desejo em busca de paz.

Bellah não nasceu para viver como uma boneca fútil, não é fácil!! E fingir ser tola era a ultima coisa que Bellah queria no meu mundo. Ela ate poderia ser tolinha, inocente, ausência de malicia, mas não seria por sua vontade.

Voar sozinha poderia aparecer loucura.... para uma mulher dependente.

Independente??!!! Sim, estuda, trabalha paga suas contas! não confundam Liberdade com Libertinagem! Penso que todos entendem.

Bellah sabia onde queria estar, não quis ser uma esposa troféu e sim companheira e participativa.

Bellah, realmente era bela, e descobriu que a beleza e carisma também atrai dores. Através dos tempos a hora certa chegou, sendo forte, Bellah colocou sua armadura e seguiu em frente sozinha, e nunca saberão que esta escondendo.

Não sabiam nada sobre Bellah, e o que sobrou foi um coração cheio de fissuras e algumas manchas, igual a um diamante perfeito.

Bellah não queria estar nessa Montanha Russa, pois precisou de amigos para quebrar o gelo e colorir suas decepções e as alegrias, afastando Bellah da Solidão para definitivamente não enlouquecer .

Não olhem Bellah com seus olhos julgadores, ela não deixaria de ela mesma, e não deixaria de ser educada, porque precisava dos seus amigos mais do que nunca, e ainda assim não conheceu seus limites emocionais.

Bellah, Resolveu se jogar de cabeça em novos cursos, onde se surpreendeu com a estrutura de ensino e principalmente em conhecer Márcia.

Já em andamento o curso, já fazia umas semanas, Bellah estava em sala de aula, a porta da sala se abriu e uma menina loira alta de olhos verdes traços delicados com um braço e uma perna engessados, essa era Marcia.

Para Bellah, uma boa surpresa apesar da sua situação Márcia, que era uma menina Alegre divertida.

Logo ali naquele primeiro instante, nesta aula em que ela veio, desde o momento em que se encontraram no curso e se aproximaram em função da afinidade intelectual, então Márcia se tornou a sua segunda melhor amiga.

Estudavam Sempre Juntas, foi então se conhecendo, e Bellah percebeu o quanto Marcia tinha muito em comum consigo.

Os pais de Márcia trabalhavam fora, a mãe era uma professora, o pai era um advogado, uma pessoa muito ocupada, saía de manhã para trabalhar e voltava só à noite, a mãe era uma professora, também tinha a sua rotina escolar.

Márcia tinha três irmãos dos quais Bellah não conheceu pessoalmente, mas sabia do modo brutal que seus irmãos lhe tratavam.

Em função entre Bellah e Marcia, ela começou a contar sobre a sua vida, e ela revelou que não tem sorte com os namorados,porque todos os namorados que ela arruma Tem algum tipo de problema. ou são pessoas que tem problemas com comportamento, desajuste social, pessoas narcisistas, agressivas, egoístas, autoritárias, prepotentes... pessoas deprimentes, eram pessoas que não faziam bem a Márcia. Então Bellah queria entender por que Marcia escolhia aquele tipo de pessoa para se relacionar.

Então nas oportunidades que Bellah tinha, ela provocava o assunto, puxava a conversa. E Bellah perguntava a Marcia o que a atraia ao ver aqueles garotos que ela se relacionava. E por que ela estava com eles? mesmo sabendo que eles não faziam bem a ela. E ela revelou que tinha uma dependência emocional desse tipo de pessoa que eles eram muito parecidos com seus irmãos. Ela sabia que isso não fazia bem para ela,

mas ela tinha momentos em que se divertiam e riam muito, eram raros momentos, mas aconteciam.

Marcia tinha um namorado muito doido da cabeça, que vivia dando cavalinho de pau andava em altas velocidades dentro da cidade, então, quando tinha ruas largas e longas toda iluminada praticamente deserta nas madrugadas, fascinava a Márcia. Momento magico em meio a sua tragédia.

Então Márcia foi me contar sobre a vida dela com os namorados, e o porquê que ela estava com braços e a Perna engessadas. Mas, para contar essa história ela convidou Bellah para almoçar em sua casa, e também para conhecer seus pais e seus queridinhos irmãos. Oportunidade de estar comungando em família na vida familiar de Márcia.

Nesse dia, Bellah foi almoçar na casa da Márcia e, logo que almoçaram todos foram paraa sala de estar. foi quando Marcia falou assim para Bellah

Vou te contar minha vida com meu álbum de recordações, meu segredo. Todo mundo tem álbum de fotografias, mas Marcia tinha um álbum de radiografias. Márcia foi ate seu quarto e trouxe uma pasta enorme de grande, então mostrou seu álbum de radiografias de acordo com os namorados que já teve e os acidentes que já sofreu com eles(até hoje quando lembro disso eu morro de rir eu não consigo me conter ao me lembrar).

Mas Bellah vai se ater ao último acidente, onde ela quebrou os dois braços e uma perna do lado esquerdo, e seu pescoço sofreu um "chicote", quando o carro freia e sua cabeça vai para frente e para traz rapidamente como um chicotear. Que resultou no uso de um colar cervical. e ela estava também com um colar cervical. Marcia ria muito da sua situação tragicômica.

Márcia relatou, que ela e o namorado dela, viviam como cão e gato, eles brigavam muito discutiam muito, se amavam muito se beijavam muito brigavam muito, era tudo muito junto sempre, se adoravam se amavam se odiavam se xingavam... e o namorado dela nesta madrugada chama Márcia para dar uma volta de carro, e sai em alta velocidade

Começa a fazer gracinha, canta pneu, dar cavalinho de pau, parar, rodopiar, fazer mil estripulias com o carro para chamar a atenção de Márcia, ele achava que Marcia gostava daquilo, mas no fundo do coração, Marcia morria de medo, mas se sujeitava em questão, para não ser excluída do grupo de Aventuras, feroz e veloz. E por ela perceber que ele tava fazendo as coisas para chamar sua atenção, então isso a contentava, apesar de todo o medo que ela tinha.

E num desses movimentos com o carro, atravessou um outro carro que surgiu do nada,

E bateu no meio do carro onde Marcia estava com o namorado, este capotou troscentas vezes, por fim ficando de rodas para o ar. Quase morreram, foram todos para o hospital, e lá, de quebrados saíram engessados durante quase quatro meses, porque foi muito grave o acidente. Todos sem segurança.

Não é uma situação para se rir, tão trágica de Marcia, mas Bellah queria muito que sua amiga não vivesse mais perigosamente.

Todo mundo sabia das historias de Marcia, na escola, no curso todo mundo sabia que a Márcia só tinha namorado Maluco e que toda semana ela aparecia quebrada de um acidente diferente.

Então Bellah começou a conversar com Márcia e, percebeu que Marcia buscava nos namorados aquele tratamento autodestrutivo que recebia da família, a ausência emocional e a omissão em corrigir os maus tratos de seus irmão.

Marcia não se achava capaz de namorar com uma pessoa equilibrada, de respeito, uma pessoa séria, respeitosa, que a levasse com seriedade,

Marcia vivia nessa Roda Viva, de namoros malucos com acidentes e xingamentos, agressões e depressões, eternos momentos de solidão. Assim era um círculo vicioso de mas companhias,de mas escolhas

Todos os namorados de Marcia eram assim infelizmente, Bellah não teve como acompanhar a vida de Márcia, porque assim que Bellah terminou seu curso foi embora para outra cidade.

Mas até hoje Bellah relembra com carinho a sua amiga Márcia, o que ainda a faz rir muito da situação dela dramática e sinistra. E quem não lamenta e se compadece desse sentimento de autodestruição que a própria família impôs a esta menina?

Apesar de ser uma situação delicada e sinistra, Bellah admirava Marcia, e esta era muito invejada, por sua personalidade contagiante e carismática, e ser invejada não é uma experiência agradável, e ser rejeitada também não. Que seja por qualquer pessoa, são feridas abertas na alma, assim como de muitas mulheres no mundo.

O mundo não vai mudar porque alguém esta sofrendo. Depois de uma crise emocional Bellah se sentiu estupida ao pedir ajuda, sobrevivendo as suas experiências,seus sentimentos Bellah não poderia ser imprudente, e não foi! seus planos deram certo, suas lições a prepararam para o futuro.

PARTE 8
ROMPENDO FRONTEIRAS

Nada é em vão!! Apesar do tempo que leva tudo ao esquecimento! Bellah se sentindo órfã em qualquer estação da vida.

E o seu horizonte esta onde os anjos se encontram e embalam as emoções, as palavras de Bellah parecem vazias e ameaçam dissipar os seus sonhos.

As lembranças doloridas da rejeição acendem recordações que já estão longe tão longe, que nem se pode ouvir, a tempestade pode ate ser devastadora, mas não o suficiente para destruir seus sonhos e mais forte que meus pensamentos, pois os seus sonhos são como as águas de um riacho, que dançavam entre as pedras da sua vida ensinando a perseverar por si trilhando por caminhos estranhos.

Por diversas vezes, Bellah se sentiu desprovida de forças para novos começos, num mundo sem coração, quem dera, até então, ela poder acelerar o tempo.

Era como sentir a neve cair, queimando seus ombros o arder do sol ao meio-dia, no seu desespero, por onde chorou o frio do silêncio, que mais parecia um feitiço vestido de preto.

A mente de Bellah fervia em chamas, se sentindo presa nas cadeias conceituais que a prendiam, sonhando seu destino sem a dor escarnecida e brutal da vida.

Ninguém pode parar ninguém, quando estão trilhando uma estrada Deserta e árida, ninguém consegue nos tocar, quando pessoas que amamos vão nos perdendo, e vão nos perdendo por tudo e não se deram em nada, porque não tinham nada a dar.

Seu coração estava silencioso e louco!

Agora, Bellah queria seu passado no lugar dele, seus ensinamentos é lá onde ele deve ficar, porque aprendemos que até as flores mais delicadas precisam morrer,

Quando tudo parece ser fugaz!! E todas as manhãs, Bellah deixa para traz as lamentações de dias escuros.

Bellah abriu as portas que a levavam além de seus sonhos, curando suas feridas, dei as costas para tudo que parecia ser insuficiente ou incapaz de construir seu mundo,

E antes do fim de tudo, vislumbrar seu horizonte como em seus sonhos.

Bellah, as diversas vezes que perdeu seu sono, se manter presente e não correr o risco de se perder de si.

Nem o vento é o mesmo de um vendaval,

Os desertos mostram como o vento diversifica a formação das Areias a cada momento e assim é com a nossa alma e a nossa esperança.

As ondas do mar que se quebram nas rochas, são as mesmas que molham seus pés na praia, assim é a força motriz do seu desejo em diversos momentos, proporcional ao que se recebe.

E sentindo a terra sob os seus pés, expostos estão, a sua defesa, não são muros, mas são pegadas, marcas que deixaste para traz, capazes de derrubar como a ponta de um fuzil. Mirando seu alvo como um espinho cravado de sangue vermelho, e num tiro certeiro, ali deixando sua marca, sua virada.

E o firmamento de seus dias, mesmo com as mãos congeladas levara o calor da chama do amor a seu castelo, mesmo se estivesse a deriva seu coração, este é o mistério a se descobrir.

A realidade do seu espaço social como sexo feminino, Bellah se considerava inserida naquela comunidade em questão. Porém, estava equivocada com seus pensamentos ao se sentir aceita por ela, esta comunidade que pouco se assemelha a sua identidade, com uma evidencia social e cultural diferente apesar do afeto que nutria por ela. Onde mostraria claramente as concordâncias e discordâncias afetivas dessa cultura.

Não apenas referente a esta ou aquela pessoa, mas sim, a população flutuante daquela região. E a certeza que nada era pessoal, mas cultural.

Nada Era óbvio, nada era muito claro, as meninas ainda hoje vivem em uma cortina de fumaça social, e ainda vivem um tratamento diferenciado entre os sexos, e não entendem o porquê de tanta discrepância tanto educação quanto do tratamento pessoal.

A obrigatoriedade da obediência feminina, e tanto desprezo por esta. Sendo que uma mulher representa acima de tudo a leveza e divindade de ser mãe, procriar, criar, educar, numa sociedade conservadora.

A dominação patriarcal começou a se romper com a constituição federal de 1988 onde o estado vem a desempenhando um papel apaziguador e igualitário se empenhando na luta contra essa discrepância no tratamento das diferenças de gênero e no tratamento pessoal familiar.

Pois, até então a violência moral, emocional e física, eram tipos comportamentais que eram protegidos pela legalidade e sociedade.

Entretanto surgiu legislações como MARIA DA PENHA, que quando mais precisamos nos parece inalcançável, distante e impossível de contar com esse recurso legal.

Não vou me ater a este tema em si. Por ser obvio e polêmico.

A historia nos mostra a indiscutível vulnerabilidade da mulher estando fora de casa como dentro de casa, independente do grau de escolaridade ou situação financeira.

Muitas mulheres ainda são educadas para calar e obedecer, acreditando que merecem servir, e como vítimas da violência emocional, psicológica ainda contribuem com a disseminação de que a Boa Mulher tem que aguentar a todos desrespeitos caladas.

A situação da mulher fica ainda pior, quando a maior parte da sua família são homens, o provedor.

No caso, uma filha e dois ou mais filhos homens para tratá-la como um lixo humano.

Até então todos os direitos e atrocidades de violência contra mulher ainda eram protegido e legitimados pela lei Pátria e garantido aos homens a praticá-la.

Apesar de tudo!!!!!

Bellah Venceu em meio a um turbilhão de agressões físicas psicológicas e emocionais.

Bellah não pode evitar, por algum tempo, que a tristeza se instalasse no seu coração. Pouquíssimas e boas lembranças tinha da sua juventude.

Costumes comportamentais eram como a chuva que cai. E Como impedi-la de cair??

E se reconstruir a cada amanhecer??!

O tratamento familiar era diferenciado.

A tudo eles podem!!

A Bellah, nada poderia pedir ou cobrar.

Entretanto Bellah era uma menina, e sua obrigação era ajudar na lida da casa, este era o seu direito e não só dever, e ser cega, surda e muda...

Bellah deveria se sentir HONRADA em ser uma boa cozinheira, lavadeira ou um capacho qualquer útil a família. Assim pensava e pensa ainda os sobreviventes de inúmeras família.

Bellah estava sozinha batendo em uma porta trancada.

É como se ela não pudesse vencer uma guerra invisível.

Bellah não sabia que estava presa a essas cadeias, não soube o que era o significado de liberdade.

Entenda!!!!

Liberdade em expressar o que sente, expressar uma opinião corriqueira, porém Bellah era fofa demais quando calava e sorria!

PARTE 9

INVISÍVEL

Era assim que a família a tratava, quanto mais invisível e indiferente, mais querida e amada era por todos... principalmente da família!!!

Hoje entender este domínio é um desafio !! Sentimos mais pela moralidade, do que na verdade muitos gostariam que fosse! Mas indiscutivelmente é necessário e importante se recorrer a legalidade!! Pela crença que muitos tem de se achar acima da lei ou ser de uma raça superior.

A legalidade e a moralidade são duas situações intrínsecas, mas distintas e diferente que pode-se dizer, estão juntas uma dentro da outra separadamente.

Uma mulher na sociedade, onde a legitimação da violência,de uma certa forma, a impede de sonhar, de projetar um futuro familiar, sonho este é praticamente aniquilado em seu interior, assim criando uma autodefesa nos possíveis futuros relacionamentos.

Pois a mulher é um ser humano. Sim, a mulher é um ser humano!! Para quem ainda não sabe, estou esclarecendo!! E tem cérebro, e coração!!! Igualzinho a qualquer ser animal na terra. É capaz de respeitar as pessoas e amar um homem ou qualquer outro ser, quando respeitada e amada, mesmo que ela não saiba lavar, cozinhar ou executar os afazeres domésticos, porque é nato da mulher amar e cuidar, como dizem alguns cientista psicólogos, estar na energia feminina.

Depois de toda essa descoberta, deste procedimento legal, Bellah entendeu que quando optou em viver sua vida e tomar decisões solo, entre eles, engravidar, escolher não se casar, principalmente em não se casar com o pai da criança, Bellah estaria afrontando os princípios da lei dos costumes conservadora e tradicional, escolheu em não viver como um objeto descartável, foi entendido como uma ofensa social. Porque ELA não tem o direito de escolher a viver como lhe faz bem, ELA é julgada como impropria (x.z.@#$%¨&*), sendo uma ofensa! E consequentemente a irmandade se une na tentativa de desprezá-la, a aniquila-la, desagregando-a de todos os grupos sociais possíveis.

Pois já foram consideradas relativamente incapazes pela jurisprudência,

Pois no artigo sexto inciso 2 do Código Civil revogado, define a mulher casada como relativamente incapaz, mas para isso a mulher precisa ser casada, porque se ela for solteira – é pior um pouquinho. Mas ela pode competir no mercado de trabalho. Será??

"Em um suspiro democrático em 1962, foi publicado a lei 4121/62 aproximando o homem na administração do Lar, apesar dessa brecha o governo vetou o artigo que estabelecia a igualdade de gênero homem igual mulher" (fonte:STJ.)

Entretanto o artigo quinto da constituição federal, " homens e mulheres foram considerados iguais em relação à família no artigo 227 da Constituição Federal em 1988", onde também estão ligados ao Estatuto da Criança e do Adolescente ECA, que tratou a questão da Igualdade entre pai e mãe (fonte:STJ).

Por ser uma questão recente, a igualdade de direitos de homens e mulheres na família, e durante longos anos a legislação privilegiou a figura masculina. Mas essa conquista foi uma "queda de braço" obrigatória para desonerar a figura paterna de obrigações consideradas " coisa de mulher", cuidar e educar um filho. Onde educação envolve dedicação, afeto, entre outros valores.

E qual mulher não sabe disso??? Pouquíssimas são as mulheres que sabem que a lei Pátria alimentava a ideia (falsa) que o homem poderia se valer da violência física ou psicológica para corrigir o seu comportamento, o comportamento de sua companheira ou sua dependente feminina se assim o considerasse (esta é a minha opinião pessoal).

Portanto, o homem tinha o direito de corrigir a conduta da sua mulher, sua filha ou de qualquer uma dependente do gênero feminino que tivesse sob o seu legado com ampla escolha de meios dos quais obviamente estão explícitos aí na sociedade para quem quiser vera: violência contra mulher: emocional, psicológica, patrimonial, física, etc).

PARTE 10
DESAFIOS NA SOCIEDADE

Bellah, ao se recordar dos tempos difíceis e decadência financeira da sua família, esta a colocou numa situação vulnerável. Sozinha nessa estrada onde não se ouvia nenhum ruído, Bellah caminhava a sombra de seus pensamentos... Até que um dia não quis mais lutar por uma vida perfeita, e sim por uma vida feliz.

Estava lançada sua sorte, seria difícil suportar tanta opressão e derramar tantas lágrimas, pois cada estrada revela uma viagem solitária no ritmo das batidas do seu coração.

Bellah Precisou construir uma redoma de defesa e deixar as trevas para trás.

A vida que segue nos trilhos revelam os seus pés descalços num apocalipse, e as suas raízes enterradas no solo árido, sem pressa o tempo como a chuva foi transformando em distantes demais seus sonhos que não foram esquecidos,mas sim cultivados.

Porque tudo que uma mulher precisa está na alma. No amor,na paciência, e perseverança,que é um grande aliado e companheiro.

Bellah já havia percebido as diferenças no tratamento social entre homens e mulheres eram desproporcionais, isso quando não nos referimos as mulheres pobre, negras, indígenas, orientais! Cada tratamento pessoal, de acordo com a cultura e crenças na proporcionalidade da rigidez de cada sistema. Onde muitas se encontram em uma situação mais que crítica e vulnerável.

Bellah nunca quis ser igual, e acreditamos que uma mulher que se ama de verdade nunca vai querer agir como um homem, e nem se comparar a um, Bellah gostava de ser MULHER. Um gênero que tem especial glamour.

Acreditando que a luta de igualdade de gênero se diz sobre tudo o respeito entre os iguais e os diferentes,l e não somente a isto, mas a prepotência de ser violento e agressivo por se achar superior a outrem, caso este não restrito apenas ao gênero, mas a condição social, raça, etarismo, etnia.

Uma cultura onde a mulher é manipulada por seus mentores e seus educadores, é evidente a importância e a consciência em se produzir seres humanos, humano e felizes, principalmente por sua família.

A transferência de costumes e crenças aos seus descendentes, independente do gênero, ensina a discriminar e excluir uma fêmea que representasse algum tipo de desarmonia familiar e/ou social por seus dotes natos e carisma pessoal.

PARTE 11

BELLAH...
A MULHER!

Bellah queria "existir", queria quebrar paradigmas sem perder a postura. E ao entender que primeiros movimentos recém havia começado como exemplo, no começo do século XX onde as mulheres reivindicavam seus primeiros direitos básicos como votar e o segundo direito básico entre os gêneros é o tratamento de igualdade.

Essa igualdade tão mal interpretada por muitos!

Bellah sempre acreditou que seu movimento social era bem mais profissional e trabalho do que se aparelhar as condutas masculinas.

Observou que surgiram mulheres dispostas a invadir o mercado de trabalho predominados por homens e Bellah queria ser uma delas mulheres, numa época mais moderna e atualizada, apesar de tudo, tudo continuava igual, Bellah se sentia mais uma no mar de gente competente em busca do seu espaço ao sol.

Conciliar a profissão com a maternidade para muitas mulheres era quase impossível, no entanto, para Bellah, era um percurso natural do qual teria de trilhar querendo ou não, e Bellah queria, esta foi sua escolha. A maternidade! E sendo mãe solteira essa escolha a fez construir uma estrutura de força e competência. É claro que uma figura masculina faz falta. Traz segurança. a construção de uma família é de muita responsabilidade, onde deverá ter equilíbrio e lucidez. Bellah não sentiu reciprocidade em sua escolha, portanto escolheu seguir em frente na sua solicitude em ser mãe. Em ser a melhor mãe!!

Essa atitude chamou a atenção de tantas mulheres como principalmente e incomodou muitos homens.

Por anos Bellah tentou conciliar as atividades da carreira com a maternidade de forma não confrontar possíveis visões conservadoras.

Isto chamou a atenção de muitas pessoas daquela pequena comunidade.

Mesmo que a escolha colocasse Bellah em evidencia, exposta, não muito agradável, para muitos, a escolha era desafiadora para eles entre si.

Bellah atraia os olhares e a curiosidade em seu meio social, daqueles homens mal e bem resolvidos, também aqueles homens de sucesso, aquele que chegou onde queria chegar em sua profissão, status.

Bellah apenas tinha olhos para as pessoas que estavam lutando por suas vidas, eram pessoas que enriqueceram e outras não! Eram apenas pessoas. Pessoas lutando por seus sonhos. Era assim que os via. Sua atitude sempre foi ingênua e despretensiosa.

Pois Bellah sempre acreditou em si mesma, e acreditou em uma mulher guerreira e batalhadora que habitava em si, pois ela pode ter uma vida pessoal satisfatória e pode escolher viver um grande amor como qualquer pessoa comum.

Por muito tempo Este foi seu Martírio, porque escolheu em construir memórias que hoje trazem saudade da longa caminhada e construção de sua vida.

A sua força interior era o ouro, e todas as incertezas ficaram para trás, e construir uma vida real era praticar seu poder interior, onde Bellah sonhou e planejou.

Depois de longo tempo, surge uma grande transformação na vida de Bellah, superando e se afastando daquele círculo vicioso de pessoas julgando toda uma vida até então.

Bellah buscou o amor e o perdão. Descrevendo assim até poderia parecer simples e comum. Entretanto, muitas pessoas que cercavam Bellah, muitas vezes interferiram em sua vida prejudicando-a, justificando que queriam o melhor para ela. Nas suas escolhas, determinando o que é bom ou ruim em sua vida. Pura inveja mascarada!!! Lobos ferozes vestidos de cordeirinhos.

E suas escolhas até poderia magoar, ferir ou contrariar algumas pessoas, que gentilmente queriam controlar sua minha vida. Entretanto sua maior preocupação era não magoar a si mesma.

A sua busca consentia em prosseguir, em concretizar seus sonhos e desejos, e naquele momento seu desejo era que as pessoas que Bellah amava fossem embora da sua vida sem quebrar nada. Isso apenas era uma ilusão...

Bellah entendia que a nobreza e a sofisticação era o estilo de seus sentimentos mais profundos, assim sendo os mais nobres! Consequentemente seria uma sequência de bons pensamentos, como um elo, como uma corrente forte de energia. E neste caso seria uma atitude nobre daquelas pessoas manipuladoras se retirar da vida de Bellah e cuidar de suas próprias vidas. Nobreza e Sofisticação eram palavras desconhecidas dos mesmos.

E quando passamos a conhecer as dificuldades e as vitorias em cada uma delas Bellah começou a selecionar tudo que envolvia a sua vida. Desde parente, família, amigos, colegas, lugares a frequentar.

Bellah ligou seu ALERTA, selecionando o que faria bem ou mal a si.

Enfim, seu coração estava pronto para o novo, para o desconhecido, para os mistérios do amor.

PARTE 12

ALERTAS

São tantos os alertas que podem ser sirenes barulhentas (correndo perigo), como também podem ser sininhos ou borboletas (emoções fortes).

Bellah se depara com uma descoberta surpreendente, chegando à conclusão que o amor é Um Desafio maior do que a própria vida.

Bellah acredita que o amor verdadeiro tem de surgir despretensiosamente...

Bellah entendia que o respeito é o princípio de qualquer relacionamento.

Fato este improvável em algumas pessoas, este parece ser um entrave numa cultura rústica e conservadora.

Entretanto, muitos entendem que aceitação de maus tratos em um relacionamento é a maior prova de amor entre dois seres que se dizem se amar. E quando os eventos não saem como desejado muitos fazem justiça em nome da LEGITIMA DEFESA DA HONRA,(fonte:STF - O Supremo Tribunal Federal (STF) decidiu, nesta terça-feira (1), rejeitar a tese da legítima defesa de honra em crimes de feminicídio.

E quando a referência familiar contribui para a construção da desconstrução do respeito, em consequência, o amor com todas as suas nuances tentando se encaixar como um quebra cabeça onde as peças estão incompletas, e as peças existentes, a maioria estão danificadas.

Mesmo assim o seu melhor foi não desistir do amor.

Nunca buscou o perfeito mas sim o que combina, o que encaixa, aquele que entende.

De quantos filtros o amor necessita para tornar-se melhor?

Quando o amor caracterizou-se pela idealização da pessoa amada e pela prática da cortesia, manifestações de amor verdadeiro.

E a cortesia não é apenas um introdução do amor, mas também uma forma organização e prestigio social,escolhendo um amor sincero e desinteressado.

Idealizando a pessoa perfeita, adequada levando muitos a falsa certeza do amor verdadeiro. Este que com certeza iria ser desafiado por diversas situações afrontando as regras sociais para viver um grande amor.

Bellah percebeu que para amar e ser amado consequentemente é necessário um vinculo de compromisso que vai além de sentimento, e se comprometendo moral e emocional.

Quando Bellah pensava no amor, a ideia que vem à sua cabeça é uma forte atração com um enorme admiração e bem querer onde as regras e as leis sociais não tem alcance. Algo livre, leve e solto, comprometido.

Entretanto este sonho de amor verdadeiro pode realmente existir, a suas nuances, a sensibilidade e a intensidade, muitas vezes não é compreendido numa linguagem comum. O medo de Bellah estava Intimamente ligado em não ser compreendida, despertando um sentimento de solidão e dor, até então é somente sobre o amor.

A consequência da intensidade de amor nos leva ao comprometimento de um relacionamento amoroso que na maioria das vezes continua a existir com ou sem amor.

Onde a princípio não conseguimos dimensionar os sentimentos gerados, tornando o amor um sentimento ambíguo de amor e amizade, Amor e Ódio ou amor e abusos, com aquele que escolhemos para a união tão desejada até então naquele momento.

Para Bellah, o amor verdadeiro faz com que um seja continuação do outro, onde a individualidade existente tende a ser como os membros de um corpo, cabeça,braços e pernas, Independentes,mas conectados a um mesmo comando com funções diferentes.

E para manter um relacionamento amoroso duradouro, há Obrigatoriamente de existir o amor despretensioso, porque o contrário é comum, vazio e hipócrita.

Bellah ainda não conseguiu escutar a melodia das suas cordas musicais nas ondas de seus sentimentos, nem as flechadas do cupido, e na partitura um Bemol ou um sustenido não distinguem suas funções.

Este é o som de inverno mais longo, não saber para onde está indo, apenas seguindo, é preciso ir e entender o que é amar.

Pedido de Bellah: Meu anjo não quebre meu coração,estou seguindo a minha estrada, as lembranças me faram voar para longe onde tudo se transformará em pó, onde não haverá nada para salvar, quando tudo parece ser Tudo. Mas este anjo quebrou seu coração... e a desconstrução do amor machuca, e é difícil perdoar, assim como um longo inverno Cinzento não sabemos para onde ir apenas seguimos em frente.

Em todo lugar que está há um silêncio, mas não há como compreender porque o tempo todo Bellah sentia –se prisioneira das suas emoções e não tinha como fugir.

Suportou todas as suas lágrimas e todas as suas dores, deixando todas as mentiras para trás.

Bellah estava na escuridão perdida, buscando mudança, preenchendo com seus sonhos a possibilidade de realizações em uma luta sem fim. Mesmo mergulhando neste abismo cheio de medos e emoções, chorar faz parte da alegria e Prazer, dor e tristeza. Bellah chorou tudo, por tudo, e acima de tudo sobreviveu! trilhando um caminho só, o seu caminho!

PARTE 13
A INCAPAZ

Então o homem é a cabeça do casal, segundo o código civil que definia a mulher casada relativamente incapaz.

Assim era e é vista por seu companheiro a minha amiga Elida, que ainda em tempos atuais teve sua história maculada por forte traição e dor.

Naquela época Bellah frequentava a academia onde conheceu Elida. Que com o tempo foram se aproximando, até se tornarem amigas fitness. Depois transformou em grandes amigas e confidentes.

Élida, uma moça muito bonita pele branquinha cabelo preto cacheado um corpo bem trabalhado modelado na musculação, foram aprofundando a amizade, e Bellah foi conhecendo pouco a pouco da história dela. e Élida contou que ela se apaixonou por um rapaz, e ela nunca tinha tido nenhum namorado antes,

e este rapaz e falava que a amava, que ela era uma princesa muito linda e... no final das contas, ela engravidou dele. E quando ela comentou com ele que ela estava grávida, ele virou inimigo mortal dela. Foi embora, sumiu desapareceu.

E ela ficou sozinha com sua família. A família a acolheu com a criança, e a vida seguiu. Quando nasceu o bebe de Élida, ela voltou as suas atividades normais.

Estudar, trabalhar e cuidar do seu neném, tudo junto com o apoio da família.

Então Élidaa conheceu um outro rapaz muito interessante um rapaz que se preocupou com ela e com seu filho. Este rapaz foi se aproximando da família de Élida, até que começaram a namorar.

Passados uns seis meses, o rapaz foi morar com Elida, para criar aquela criança. Para que formassem uma família feliz.

Parecia um sonho ela estava vivendo, um momento incrível e mágico. Enfim, ela tinha encontrado alguém que a amava e amava o seu filho e, ele queria ter uma família, aquela família! Então, esse rapaz reuniu a família de Élida e comunicou que gostaria de morar com ela e constituir uma família.

E assim que sua situação econômica estivesse mais estabilizada eles iriam se casar.

Porque naquele momento ele não teria muito a oferecer. Mas ele iria dar estabilidade segurança e proteção. Ele seria o chefe de família. Então a família de Élida concordou, e foi morar com esse rapaz. e a convivência no decorrer desse casamento, o rapaz, esse marido de Élida, pediu para que ela não trabalhasse, que não estudasse, para ela se dedicar mais ao filho, a casa e a ele. Porque a família era mais importante que tudo.

Uma criança pequena necessita de atenção exclusiva da mãe, melhor não deixar com babas, para que a criança tivesse uma educação bem assistida e acompanhada pela mãe. Élida concordou não viu nenhum problema, já que Élida fazia parte de uma família que tinha uma situação financeira muito boa. Élida tinha uma casa própria que ela ganhou da mãe e dos avós. Élida tinha seu dinheirinho guardado no banco para suas despesas do dia a dia e tinha uma razoável estabilidade financeira na qual ela poderia viver sozinha sem o de terceiros, ela não precisava trabalhar, porque ela tinha a própria renda dela. Então, aquele casamento maravilhoso em uma cidade pequena onde toda a família de Élida morava ali.

Quase dez anos depois, morando juntos, o rapaz, esse marido de Élida fez uma proposta a ela. Falando assim:- vamos nos mudar para uma cidade maior vamos vender essa casa, essa nossa casa aqui, eu fico responsável em fazer todas as transações comerciais e tudo mais você não precisa se preocupar eu vendo a casa aqui e compro uma outra casa na cidade maior onde possamos ter possibilidade de emprego melhor, educação melhor para nosso filho. Nós vamos morar lá!

Élida não viu nenhum problema também. O namorado d e Elida vendeu sua casa, e a aviso que tinha vendido a casa e, que iria viajar, mudar para outra cidade, buscar melhores condições de vida, novos horizontes. Ele iria procurar uma casa para comprar e, que não iria demorar nem um mês e que ele logo estaria de volta para buscar a mudança e para buscar a Élida. Que Elida teria que desocupar a casa que era dela e, que ele vendeu.

No entanto esse rapaz viajou em busca de uma vida melhor com Élida, e ela foi providenciando a mudança, encaixotando as coisas, separando o que era necessário, e leva o necessário, o mínimo possível para mudança não ficar e onerosa.

E o tempo foi passando... o tempo passou, vinte dias, depois passou um mês e ele sempre comunicando com ela, sinalizando que já viu uma casa, e essa casa era ótima, tem três quatro ou, então tem um quarto que a suíte tem outro quarto que não é suíte, uma casa com quintal, com varanda... O namorado parecia entusiasmado.

E assim foi passando o tempo dois meses, três meses, até chegou um momento um que Élida já estava dentro da casa dos pais dela novamente, aguardando este marido "o namorado" retornar, para poder fazer a mudança, e isso já fazia seis meses.

Élida começou a ficar preocupada, porque este marido "o namorado", foi espaçando o contato. Antes, ele ligava todos os dias, depois passou a ligar toda semana, depois de quinze em quinze dias, depois de uma vez por mês, até que chegou o momento em que ele não comunicava.

Depois de um ano que esse rapaz "o namorado", tinha sumido, desaparecido, e Élida Caiu a Ficha. O namorado vendeu seu patrimônio e sumiu, desapareceu do mapa.

Até hoje ninguém tem notícia dele, e o pior de tudo não foi esse desfalque que esse rapaz deu nela financeiramente esse não foi o pior. O pior de tudo que era que Élida se afastou dos estudos. do trabalho, da vida social, e deu um grande golpe nela. E foi nesse momento que eu conheci Élida. Ela estava passando por um momento sinistro, tenebroso, por ter descoberto que tinha sido lesada por este marido "namorado", e ela estava totalmente sem chão.

Em nossas conversas Elida falou que a academia era o lugar onde ela sentia um pouco de força para sair daquela situação, que a levou ao fundo do poço.

Então Bellah disse a Elida:- o fundo do poço é o melhor lugar para impulsionar os pés no chão e subir, sair de lá. Bellah entendia bem o que Elida estava sentido, porque se sentiu no lugar de Élida, se viu no lugar de Jordana, se viu no lugar de Claudinha, Laurinha, no lugar de Elaine, enfim, no lugar de tantas outras mulheres.

Todas elas de alguma forma foram lesadas por aquelas pessoas das quais elas mais confiavam e a amavam, daquelas pessoas que estavam no lugar de amá-las e protegê-las.

E no entanto, essas pessoas eram os seus algozes. Quando Elida contou a Bellah, no mesmo instante virou para sua amiga e disse:-você é forte, isso não é nada! Você pode conquistar tudo novamente, porque você tem o seu filho,você tem seus pais e seus avós, sua família. Patrimonial, você vai Conquistar Tudo de Volta e, graças a Deus ele não tirou a sua vida, porque isso seria inexplicavelmente o pior dos piores acontecimentos.

Você vai encontrar uma pessoa que vai te amar, vai gostar de você, e vai ser verdadeiro e amoroso. e que um dia você vai lembrar desse seu ex-marido de uma forma tão Consciente e vendo quão pequeno ele era e você não conseguiu ver isso porque você acreditou nele porque você amou ele então essa mistura de acreditar e amar é uma fórmula um pouco perigosa um terreno desconhecido e foi o que aconteceu com ela depois passou algum tempo encontro com Élida já é melhor e acompanhando a sua vida pelas redes sociais, porque Bellah havia se afastado, estava fazendo cursos em outras cidades e tudo mais.

Um dia qualquer, encontrou Élida!! Finalmente ela estabeleceu um outro relacionamento com outro rapaz, havia muito amor, havia respeito, cuidava e protegia a Élida e seu filho. Eles estão juntos até hoje, se casaram!!

Essa é mais uma história de mais uma mulher a sofrer não só violência emocional como violência patrimonial de um cônjuge de uma pessoa ao qual ela acreditou em dividir a sua vida.

Muitos anos depois Bellah conheceu Jordanah, estava na esteira fazendo caminhada, Bellah e Jordanah, tinham o mesmo ritmo na esteira. Conseguiam ficar meia hora, uma hora, e até uma hora e meia na esteira, queimando calorias e pelas afinidades novamente Bellah e Jordanah, começaram a se aproximar e se tornaram amiga.

Jordanah, convidou Bellah para conhecer seus pais seus irmãos.

Conhecer sua família. E a amizade se fortalecia com o passar do tempo. Bellah e Jordanah, tinham muita afinidade, gostavam de estudar e malhar nas horas livres.

Jordanah, no final do ano foi morar em outra cidade, foi sozinha, deixando seus pais e seus irmão. Logo depois Bellah sou que os pais de Jordanah, haviam falecido.

Jordanah, retornou a sua casa, para seus dois irmãos. A situação de Jordanah, em relação aos seus pais terem morrido não ficou boa. Jordanah, contou sua historia a Bellah.

Antes de seus pais morrerem, seus pais passaram a casa da família para o nome de seus irmão, e financiaram uma casa para Jordanah,. Mas Jordanah, não tinha renda.

Quem pagava era a mãe de Jordanah, enquanto estava viva.

Depois do falecimento de sua mãe, Jordanah, não tinha recursos para pagar o financiamento, consequentemente, Jordanah, perdeu o financiamento que ficou reduzido a quase nada. Jordanah, perdeu aquela casa, mas ela não entrou no detalhe financeiro,

Resumindo, a casa da família ficou para os irmãos de Jordanah, e ela ficou no prejuízo material. os pais garantiram aos homens estabilidade patrimonial e insegurança patrimonial a única filha mulher, Jordanah.

Bellah ficou chocada com o descaso dos pais de Jordana em relação a ela.

Agora Jordanah, mora de favor na casa do irmão, onde ela executa todos os serviços domésticos. E olha, tão inocente, tão inocente que, ela não consegue ver que ela foi lesada pelos seus próprios pais.

E Bellah considerou a situação de Jordanah, uma violência patrimonial.

No entendimento de Bellah, não há explicação para que os pais de Jordanah, tenha deixado os dois filhos homens adultos e independentes com patrimônio da família e não deixou nada para Jordanah.

São situações e histórias de mulheres com abandono da própria família, esquecidas e rejeitadas pela sociedade. É tão comum acontecer esses relatos que chega ser chocante a frequência e a forma banal que é tratada.

Jordanah fez Bellah relembrar de Graziela. Uma menina linda, sorridente, que adorava colecionar ursinhos pelúcia, como bonecas de pano, FOFÃO, famoso nas redes de televisão, toda menina queria um Fofão!!!

Seus irmãos a odiavam!

PARTE 14

MISÓGINOS

Homens que odeiam mulheres!!! A misoginia é mais cruel e sinistra que o machismo. O machismo se diz ao homem se sentir naturalmente superior a mulher e a desprezá-la.

Graziela tinha uma família comum, seus pais mantinham uma certa disciplina, onde Graziela tinha dois irmão mais novos que ela, dos quais, a mãe lhe incumbiu algumas responsabilidades de cuidados, sendo um deles, almoçar na hora certa, dar banho neles no final da tarde. E então começa os desafios de Graziela.

Frequentemente, após sua mãe aprontar a refeição do almoço, pedia a Graziela para chamar seus irmão pra almoçar, ou jantar. Este era um momento em que Graziela ficava tensa, porque ao chamar seus irmãos para almoçar, os mesmos eram arredios, não queriam ir naquele momento, então Graziela reclamava a seus pais que seus irmãos não a atendiam, e seus pais simplesmente falavam que essa era obrigação dela.

Quando chegava o final da tarde, Graziela chamava seus irmãos para poder dar banho neles. Este também era um momento tenso!! Seus irmãos não queriam ir naquele momento, muitas vezes porque eles estavam envolvidos em alguma brincadeira com seus coleguinhas.

Com o passar do tempo, Graziela foi sentindo que ela era punida pelos país porque seus irmãos criavam dificuldades no momento em que ela deveriam executar sua obrigação, segundo seus pais. Pior que isto, Graziela começou a sentir que seus irmão estavam crescendo, estavam maiores, mais independentes, porém mais agressivos.

Foi quando começou as agressões de seus irmãos pequenos. Toda vez que ela, Graziela chamava seus irmãos para almoçar ou tomar banho, os mesmos se rebelavam agressivos contra ela. Gritavam com Graziela, davam socos e chutes, cuspiam em seu rosto.

Porem ao se reportar a seus pais, os mesmos diziam que eram pequenos e que ela deveria ter paciência e relevar, que isso era coisa de criança. No entendimento dos seus pais, os meninos apenas agiam naturalmente em sua condição de serem meninos, nada demais.

Com o passar do tempo, seus irmãos apresentavam uma atitude mais agressiva, e seus pais acreditavam que Graziela estava provocando esta atitude, nada mais fora da realidade, pois Graziela estava sendo agredida por seus irmãos porque sentiam profundo ódio dela que estava cuidando dele.

Hooooooó!!!! Você leitor, deve estar pensando: que loucura!!! Como assim??? Odeia a irmã que cuida deles, simplesmente por ela ser uma menina?!! Sim... infelizmente Graziela viveu e conviveu com este comportamento em família, foi mantida e considerada pelos pais como uma menina problemática e nervosa sem nenhuma motivação real.

Em uma dessas agressões, onde Graziela chamou seus irmãos pequenos para dar-lhes banho, ela foi forçada a pegar nos braços de um deles, e este lhe deu um murro no estomago, Graziela ficou sem ar, e ouviu o outro falar assim: o pai falou que você tem de dar o murro nos peitos dela, porque vai doer. E assim deu-lhe mais socos nos seios daquela menina.

Pois era assim que seus irmãos eram orientados a tratar sua irmã.

Seus pais faziam com que Graziela acreditasse por ser única mulher entre os irmão, ela deveria ajudar nos afazeres domésticos de todos eles, principalmente lavar suas roupas sujas, estas que seus irmão deixavam atrás da porta do banheiro, depois de tomar banho.

Um vez Graziela falou que se eles continuassem a deixar suas roupas sujas atrás da porta do banheiro, ela iria jogar estas roupas sujas nomeio da rua. E assim ela fez, eles continuaram deixando suas roupas sujas atrás da porta do banheiro. Roupas estas que ela Graziela deveria lavar.

No entanto, Graziela cumpriu sua palavra, e jogou as roupas no meio da rua. Depois deste evento, Graziela foi repreendida por seus pais, e que a sua atitude não era correta.

Graziela ficou firme, afirmando que iria jogar novamente as roupas sujas na rua se eles continuassem a deixar atrás da porta do banheiro.

Essa atitude gerou revolta entre os irmãos dentro de casa. O pai de Graziela a repreendia dizendo a ela para rever seu comportamento, que isso não era comportamento de uma menina.

A situação em família com seus irmãos era agressivo e hostil, além das agressividades físicas, as agressões na maioria das vezes era psicológicas, emocionais.

Em um momento, Graziela comprou um boneco "FOFÃO", era um mimo ter aquele boneco, então sempre que Graziela seguia para a escola, guardava seu amiguinho dentro do seu guarda roupas. Depois de algum tempo, Graziela comprou outro boneco menor, FOFÃO.

Era um sonho para Graziela poder começar a colecionar aquele boneco, pois a expressão e a representatividade de bons sentimentos estavam depositados naqueles bonecos.

Um dia ao voltar da escola, Graziela, abriu a porta do seu guarda-roupas, e algo a deixou chocada, profundamente triste! Tinham arrancado a cabeça dos dois bonecos, os FOFÃO.

ARRAZADA, Graziela pegou seus bonecos estrangulados e os levaram até seus pais, mostrando o que tinha acontecido. No entanto seus pais não deram importância. Seus pais ainda a questionaram: por que alguém iria estrangular aqueles bonecos??? E se caso tivessem sido seus irmão, isso era coisa de criança, coisa de moleque, nada demais.

Mesmo assim, Graziela não compreendia os sinais de violência que seus irmãos praticavam contra ela.

Com o passar do tempo, já adulta, Graziela ainda morava com seus pais, e ela tinha um bebe. Em uma das ocasiões, durante a madrugada, um dos seus irmão chegou em casa bêbado, drogado, amaldiçoando o mundo. Graziela estava amamentando seu filho, na madrugada em seu quarto, sentada em sua cama tranquilamente.

Seu irmão parou na porta do seu quarto, ficou encarando-a, então ele colocou a mão no bolso e sentiu falta de sua carteira. Neste momento seu irmão ficou agressivo, falou que Graziela tinha roubado sua carteira e começou a xingá-la, gritar com ela, até que pegou um objeto enfeite de ferro, e jogou contra Graziela com toda força, o objeto bateu na porta de lata amassando-a.

Seus pais acordaram e levantaram pra ver o que estava acontecendo. Seu irmão falou que Graziela tinha roubado a carteira dele, que ela se aproveitou dele estar bêbado e roubou a sua carteira.

Seus pais, perguntaram a Graziela onde estava a carteira de seu irmão. Graziela explicou que não sabe da carteira e que ela estava amamentado seu bebe quando ele chegou da rua.

Seus pais pediram paciência a Graziela, pois seu irmão tinha problema com álcool e drogas. Entretanto seus pais ignoraram a agressão sofrida por Graziela.

Estes pais, descreviam Graziela como uma pessoa um pouco nervosa. Mas quem convivia com Graziela em outros ambientes a descreviam como uma pessoa doce, educada e amável e, muitas vezes muito inocente. Perfil contraditório em relação a posição dos pais.

PARTE 15
A MULHER COMO INSTRUMENTO DO MACHISMO

Bellah não entendia porque muitos homens não entendiam as mulheres. Muitas tem o prazer em ser mulher, mãe e esposa, assim como existem muitos homens que também tem o prazer em proteger, prover e cuidar de sua família.

Assim como também tem mulheres que querem uma vida diferente, trabalhar por prazer, fazer o que gosta, assim também acontecem com muitos homens. Tão obvio, tão misterioso em meios sociais este entendimento entre homens e mulheres. Talvez se muitos enfrentassem este fato, não haveria tanta violência doméstica.

É muito comum encontrar mulheres que odeiam outras mulheres, porque seu namorado ou marido a instigou exaltando ou menosprezando outra mulher em seu favor na conquista ou no controle de sua companheira.

Janete odiava Mariana. Pois o marido de Janete exaltava ou odiava Mariana. Os motivos para ele eram diversos. Na maioria das vezes só ele sabia o porque de seu desafeto em relação a Mariana, a única que não sabia quais os motivos de seu companheiro era sua amada. Sua amada era manipulada por seu companheiro toda vez que ele se sentia inseguro, desprezado ou apenas queria se divertir com aquela situação. Mariana não conhecia Janete, mas Janete a conhecia muito bem.

Cruel... mas verdadeiro. Quantas mulheres são odiadas por pessoas desconhecidas?!

Na maioria das vezes, esses cavalheiros também nem conhecem a moça, mas ouviu falar que ela "era assim ou assado ", ouviu de outro cavalheiro também, que não conhecia a moça. Entretanto, chega-se a um cavalheiro que conhece a moça em questão, e ele falou que ela "era assim ou assado", simplesmente porque não via aquele cavalheiro como um namorado ou marido e, sim como um amigo.

O fato de Carla conhecer Rose, uma moça linda e inteligente, comunicativa, independente, fazia Carla tremer nas bases. Pois Carla tinha muito baixa estima, e tudo que Carla conseguia era criticar e mal dizer sua amiga que tanto ela admirava. As vezes nem a própria Carla entendia seu comportamento tão inferior e desapropriado.

Carla tratava Rose muito bem, eram amigas, trocavam ideias, passeavam juntas, até que Rose engravidou e teve um filho. O filho de Rose gostava muito de ver tia Carla, e num momento a sós com sua titia Carla, está o tratava com rispidez o assombrando, até um dia que Rose descobriu porque seu filhinho tinha medo da titia Carla.

Rose em viagem ainda, ligou pra Carla para saber porque ela aterrorizava seu filho sem justificativa alguma, Carla simplesmente desprezou a ligação de Ser, desligando seu celular.

A partir de então, Carla se tornou a pior amiga de Rose, sem rose entender nada, prosseguiu com sua vida depois de mais de dez anos, Rose descobre que Carla a odeia e a despreza, cheia de maledicências. Para quem não conhece Rose, ao redor de Carla, da convivência de Carla, todos odeiam Rose sem saber o porquê.

E assim caminham pessoas mal resolvidas, frustradas e infelizes consigo mesmo.

Onde esta o "elemento masculino?" Seu irmão era apaixonado por Rose, mas nunca teve coragem de se revelar. Toda sua dor por ser indiferente a Rose fazia com que ele alimentasse um sentimento de amor e ódio em relação a Rose, e ele compartilhava seus sentimentos com sua irmã Carla, que somou seus também sentimentos de admiração e inveja, tornando Rose alvo de maldade.

O caso de Flaviane foi um pouquinho pior.

Flaviane começou um namoro com Gerard. Flaviane estava num clube a beira da piscina jogando dama com seus irmãos. Quando percebeu um rapaz pulou na piscina e se aproximou da família. Gerard se apresentou e entrou no grupo para poder jogar com o perdedor. Muito simpático e boa aparência, Gerard jogou dama a te o final da tarde, se despediram e Gerard pediu o endereço de Flaviane. Pois Gerard ficou muito interessado em Flaviane.

Na mesma noite, Gerard foi ate a casa de Flaviane, conversaram muito, riram muito. Mas ainda eram apenas amigos. Gerard insistiu na aproximação com Flaviane, até que começaram a namorar.

Gerard era de boa família, muito educado, a nível de cavalheiro. Abria e fechava a porta do carro, puxava a cadeira para Flaviane sentar, levava rosas e bombons. Um príncipe.

Nos finais de semana, Gerard levava Flaviane para passear, namorar, nos domingos passavam o dia juntos. Durante a semana Gerard visitava Flaviane nos períodos da tarde, momento em que saia do seu serviço, e a noite Gerard saia com seus amigos pra os botecos da vida. Dificilmente Gerard voltava pra sua casa sozinho, pois morava sozinho. Gerard sempre levava uma "amiga" para fazer companhia.

Nos primeiros meses de namoro, Flaviane não tinha conhecimento deste comportamento de Gerard, mas com o passar do tempo, o namoro foi se tornando público, conhecido pelos amigos, vizinhos e parentes.

Então a certa altura dos acontecimentos, as notícias iam chegando para Flaviane. As aventuras amorosas de Gerard. Flaviane nunca foi investigar se era verdade ou mentira, mas ficou atenta aos acontecimentos.

Flaviane ainda não estava totalmente apaixonada, mas ela precisava ter certeza que aquele rapaz não era digno de sua confiança. Com o tempo, Flaviane foi descobrindo os eventos amorosos de Gerard, mas ela já estava presa emocionalmente a Gerard, e isso era como uma apunhalada em seu coração. Não tinha forças para romper aquele relacionamento infiel.

Flaviane se sentido fraca para tomar uma atitude, pensou em uma forma menos dolorida para romper aquele relacionamento. Flaviane começou a sair com suas amigas, fazer amizades, a ter namorados. Em uma cidade pequena, Flaviane se tornou uma "VILÃ", ganhou titulo de todas as formas possíveis: bandida, traidora, entre outras que nem vou citar de tão baixas.

Ninguém se importou com a dor que Flaviane sentiu por ser traída e continuar a ser traída. Mas, muitos ou quase todos que a conheciam a conderam por suas atitudes em se libertar daquele relacionamento infeliz. E Gerard ainda posou de vítima para tal sociedade. A qual Flaviane vivia há muitos anos com sua família, Flaviane foi massacrada por muitos de seus amigos e conhecidos. No entanto, Flaviane deu a volta por cima e superou este infeliz relacionamento, que a colocava em uma situação de inferioridade, desrespeitando-a em sua integridade moral de fidelidade, amor e dedicação.

Gerard estragou tudo quando pôs em pratica seus pensamentos machistas inferiorizando sua namorada traindo e banalizando seu relacionamento. E para completar essa história sinistra, um amigo de Gerard ficou sabendo do rompimento do relacionamento de Flaviane e Gerard. O amigo não perdeu tempo e foi atrás de Flaviane.

Flaviane estava saindo do seu trabalho quando o amigo de Gerard ofereceu uma carona para levá-la pra casa. Então Flaviane agradeceu a gentileza do amigo, mas disse que preferia andar um pouco. Então o amigo a convidou pra ir a um churrasco mais tarde, e Flaviane também recusou por estar cansada. Mas o amigo de Gerard não se conteve, se sentido menosprezado por Flaviane, respondeu a ela que, quando uma mulher na idade dela, quase trinta anos, não poderia ficar recusando esse tipo de convite, porque a cidade é pequena, e é muito fácil queimar uma mulher e colocar ela na boca do povo, manchando sua moral, assim ela não ficaria com ele e mais ninguém iria querer ela.

Flaviane respondeu a altura, dizendo que por este motivo, muitos homens acabam se casando com mulheres lixo humano produto da maledicência deles mesmo.

Infelizmente Flaviane ainda tromba com este ser nas ruas de sua cidade.

Lorena era uma moça morena, cor de chocolate, cabelos longos, pretos e lisos. Traços finos para uma linda mulata.

Bellah conheceu Lorena quando esta organizava um evento social. Neste evento, Bellah e Lorena executaram as tarefas de organizar um desfile de modas. Bellah realmente linda, também já havia participado de alguns desfiles de moda, e Lorena tinha o dom da produção, o dom de tornar o feio em belo.

Tinha mãos de fada para transformar tudo em beleza. O desfile foi lindo, Bellah e Lorena se tornaram amigas, trocaram ideias e até cogitaram uma parceria.

Ao conhecer e conviver mais com Lorena, percebeu que tinham muitas afinidades. Então saiam, passeavam, faziam caminhadas, até que um dia.... Lorena não respondeu ao chamado de Bellah. Mas Bellah entendeu que Lorena poderia estar ocupada com alguma outra atividade, e não se importou.

Passaram alguns dias, Bellah tentou novamente chamar Lorena para caminhar, mas lorena estava ocupada. E assim foi por algum tempo. Até que um dia, Bellah ficou intrigada, sentiu que Lorena esta dispensando ela.

Então Bellah chamou Lorena pra conversar sério, pois Bellah queria saber porque Lorena se recusava a sair ou caminhar como era no começo da amizade. Lorena, apreensiva, mas decidida abriu o jogo para Ballah.

O marido de Lorena não queria que ela se relacionasse com Bellah, e deu muitos adjetivos infelizes a ela. E Bellah nem conhecia o marido de Lorena, mas quando Lorena falou quem era seu marido, Bellah entendeu porque o marido de Lorena não queria aquela amizade.

O marido de Lorena, foi amigo de Bellah, eles quase foram namorados, mas Bellah o via apenas como amigo. Bellah gostava de conversar com ele, mas não era um interesse amoro, era um sentimento de amizade verdadeira.

Mas ele para se divertir e envaidecer-se, provocava Lorena, dizendo que ele e Bellah foram namorados, foram casados por vinte dias em umas férias que ela passou com seus familiares. Lorena passou a odiar Bellah, acreditando na fantasia sinistra deste marido. Por si, Bellah resolveu se afastar de Lorena e não insistir nesta amizade.

Lorena não tinha preparo e nem maturidade para entender que ela era fantoche na mão deste narcisista.

PARTE 16

SUPERAÇÃO

Em 1975 a ONU instituiu o dia 8 de março o Dia Internacional da Mulher.

Como acordar todos os dias e tentar vencer e ultrapassar as consequências da violência contra a mulher, sem sofrer?

Na primeira menstruação muitas meninas já entendem que elas são diferentes dos meninos. São frágeis, sensíveis, vulneráveis. Sem a imposição masculina, muitas entendem que precisam ser cuidadas e protegidas. Porém, não é isso que alguns pais ensinam aos homens quando são crianças.

A menina sente medo, não entende porque aquele sangue está saindo de dentro dela... sente vergonha, porque não sabe explicar porque acontece aquilo e nem sabe pra que serve. No entanto, essa fragilidade toda é violada, agredida e desprezada pelo ser masculino. Como se fosse uma ofensa a eles, a mulher ser frágil, vulnerável. Que chora com facilidade do mesmo jeito que ri.

Mas essa menina vai crescendo e entendendo que há algo especial em si..

Não só biologicamente, mas também os sentimentos são forte e ao mesmo tempo são leves e agradáveis.

Quando uma mulher entende sua condição feminina, ela cresce psicologicamente, e muitas vez, na maioria das vezes, sofre a fatalidade de ser violada pelas pessoas que mais ama. Seu pai que manda, seus irmão que seguem o mesmo caminho e a mãe que concorda.

Aquela menina cresce, e em meio tantas violações, decepções ela aprende que precisa se defender, se proteger. Poucas mulheres conseguem chegar a este estágio de amadurecimento.

Além de todas a dificuldades para se ter uma profissão e ter acesso livre para transitar em meio social, a mulher a todo instante está sendo observada e analisada por seu valor. Sofre a pressão da família para casar e ter filhos, constituir uma família por bem ou por mal. E feliz daquela mulher que se casa por amor! Misericórdia daquela que casa por qualquer outro motivo que não seja o amor!

Bellah nunca soube que era linda. Pois seus pais a chamavam de feia desde criancinha.

Seus irmãos não a respeitavam e sua mãe a desprezava.

A superação envolve ultrapassar as barreira do medo e da vergonha, das decepções e das dores que sofreu principalmente em família.

Bellah buscou conhecer-se a si mesma, conhecer o que é amor próprio, impor limites.

Em meio a dor aprendeu que para vencer qualquer outra dor, teria de saber que o respeito é a base de todos os relacionamentos. Foi primordial para Bellah entender que o respeito ensina impor limites e que isso também é amor.

Mesmo em meio a selvageria esdruxula da qual tentaram trata-la, Bellah docemente venceu firme, venceu algumas etapas da sua caminhada focada em suas conquistas.

Assim, muitas mulheres estão perdendo o medo de se libertar das correntes ilimitadas do machismo, avançando no mercado de trabalho, associando a família no espaço e no tempo disponível, devagar e sempre segue adquirindo pouco a pouco seus direitos.

Assim estão surgindo novos homens com conceitos fortemente flexíveis que despertam nas mulheres o que há de melhor nelas: o Amor.

"QUANDO O MUNDO MASCULINO ENTENDER QUE A MULHER É UMA GRANDE ALIADA PARA SUAS CONQUISTAS O MUNDO FICARA DE BEM".

(Guizela Bohrer-palavra da escritora e autora deste livro)

COLABORAÇÃO DE ALUNAS DE GRADUAÇÃO DE LETRAS DO MÉDIO ARAGUAIA – MATO GROSSO. – RELATOS –

Coordenadora Professora Geralda

"Era uma aula de física normal quando o professor decidiu entregar as notas da prova realizada na semana anterior. A sala era composta, em grande maioria, por garotos – era um curso de exatas. No momento em que recebi minha nota a surpresa foi coletiva, havia gabaritado as questões. Ficara no ar aqueles questionamentos "como pode uma mulher ser boa em física?". Na sociedade atual, muitas garotas passam por situações como essas, principalmente, quando adentram espaços tidos como estritamente masculinos. Esse tom de surpresa ao ver uma mulher se destacando positivamente torna tudo mais difícil. Essa situação aconteceu enquanto eu era adolescente, mas marcou-me fortemente. Logo após a surpresa, as garotas presentes felicitaram-me e nos unimos em gesto de gratidão."

(Sara Beatriz da Costa Girotti. LETRAS/ UFMT/MT)

"Em diversas ocasiões em meu trabalho ocorreram situações em que eu me sentia inferior. Trabalhei por um tempo com atendimento ao público e, neste tipo de emprego, devemos sempre atender todos com educação e simpatia, porém haviam momentos em que isso era impossível. Relato aqui minha pequena experiência em que me senti inferior por ser mulher. Era uma tarde comum, estava trabalhando em minha mesa quando chegou um senhor para que eu pudesse atende-lo. Sempre fui muito cordial e paciente em meus atendimentos, ele me perguntou o procedimento e eu lhe expliquei. O problema foi quando aconteceu determinado fato que ele não gostou e que ele não queria cumprir, ele então alterou sua voz para mim. Minha coordenadora interviu porém não foi suficiente. Não fomos escutadas, apenas quando houveram outras pessoas que interviram. Isso aconteceu diversas vezes enquanto trabalhava, principalmente com homens. Pois a maioria alterava sua voz e não me escutava. Nesses momentos eu me senti calada mesmo falando."

(Daniella Maria Dos Santos Abreu. LETRAS/ UFMT/MT)

"Trabalhando como professora de reforço em uma instituição particular, me deparei com uma situação desafiadora. A diretora da escola, por algum motivo, parecia desprezar minha presença e preferia delegar as demandas dos alunos a um professor homem, apesar de minha maior experiência e tempo de formação. Ficava evidente que a desconsideração era baseada apenas no fato de eu ser mulher. Essa experiência me deixou com um misto de frustração e determinação, consciente de que ainda há obstáculos a superar para que as mulheres sejam valorizadas de maneira justa em todos os ambientes profissionais."

(Franciely Tavares Couto Fernandes/ LETRAS - UFMT /MT)

"MULHERES EM UM MOVIMENTO TRABALHISTA E NÃO FEMINISTA"

(A palavrada da autora GIZELA BOHRER)